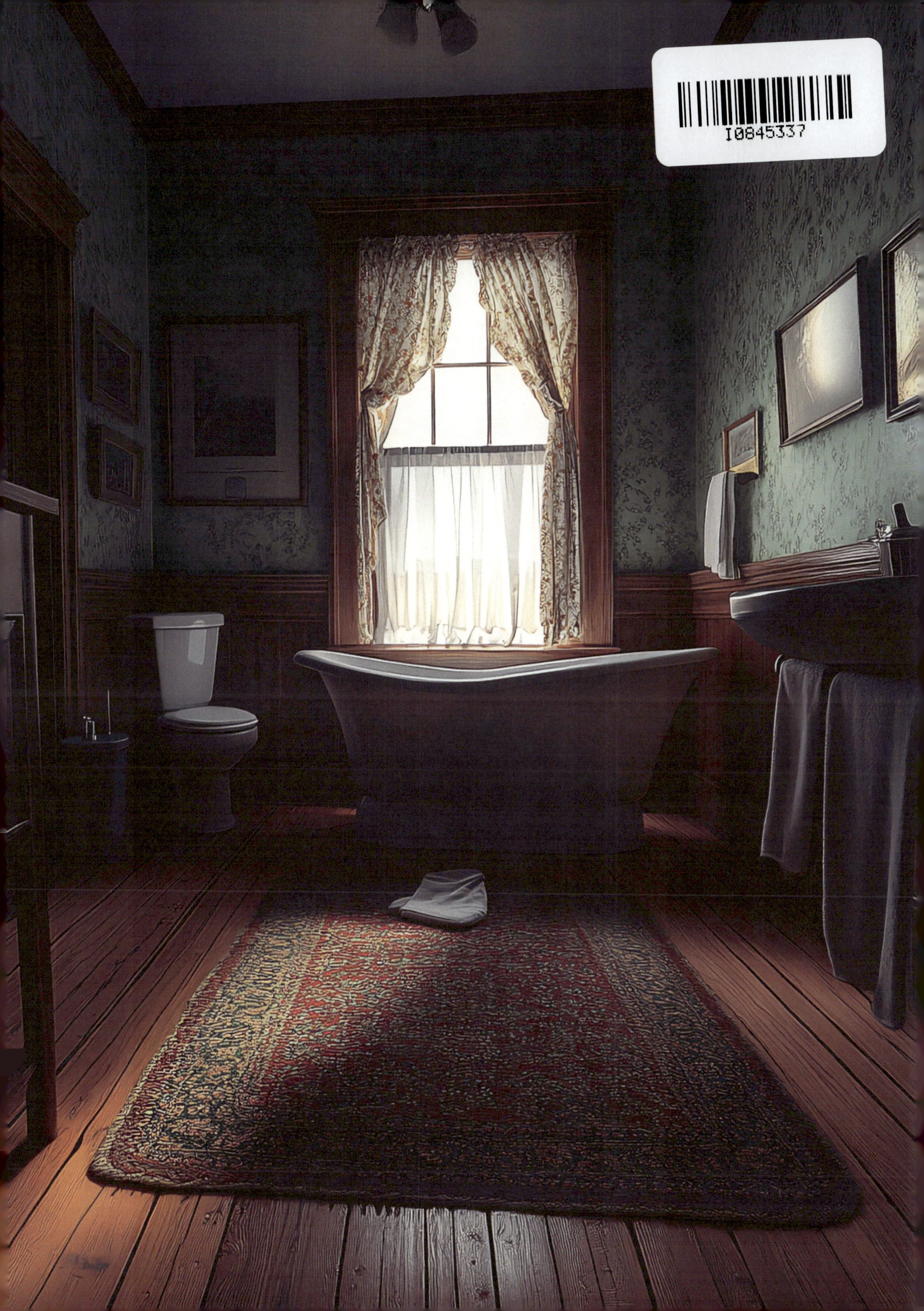
I0845337

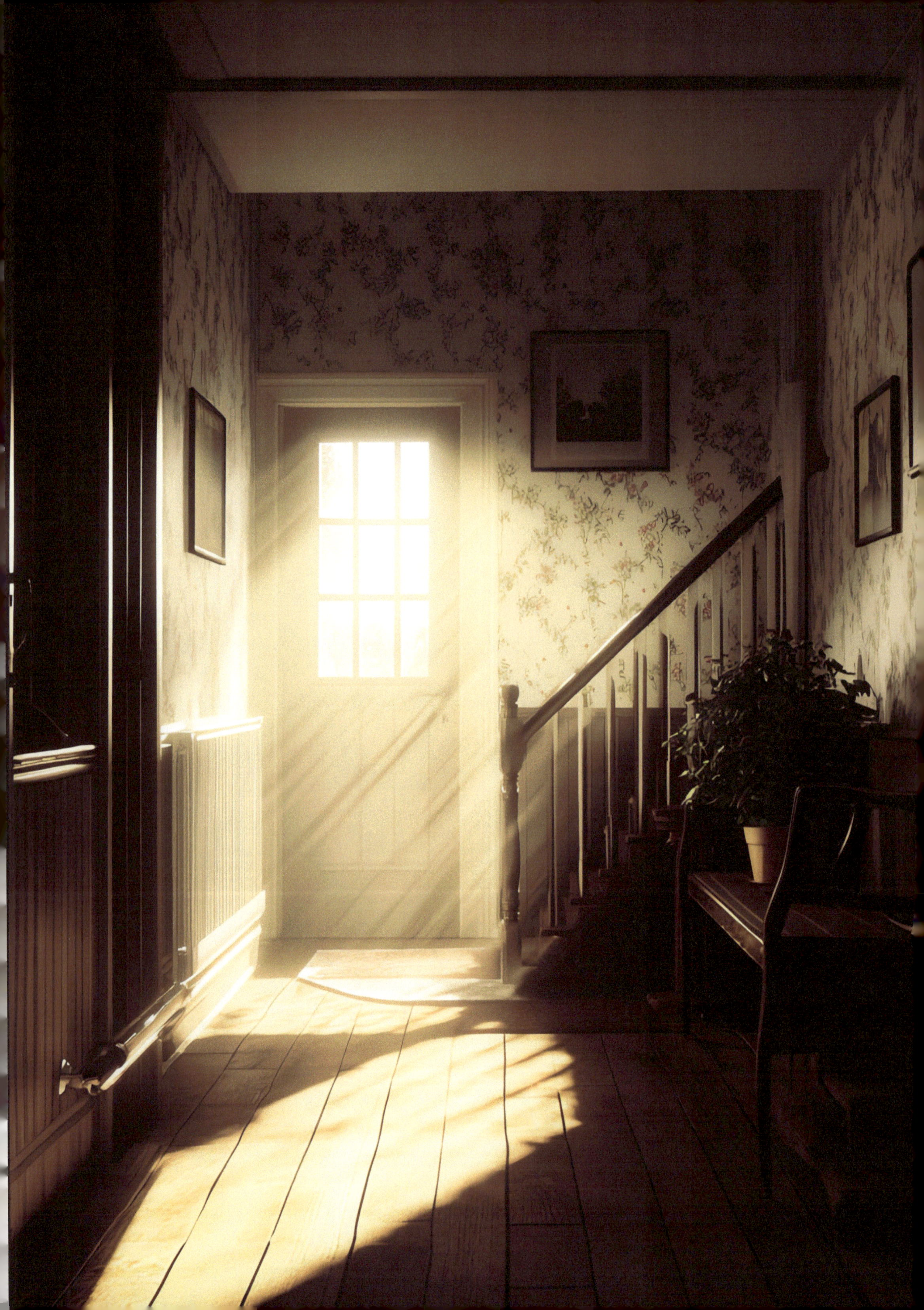

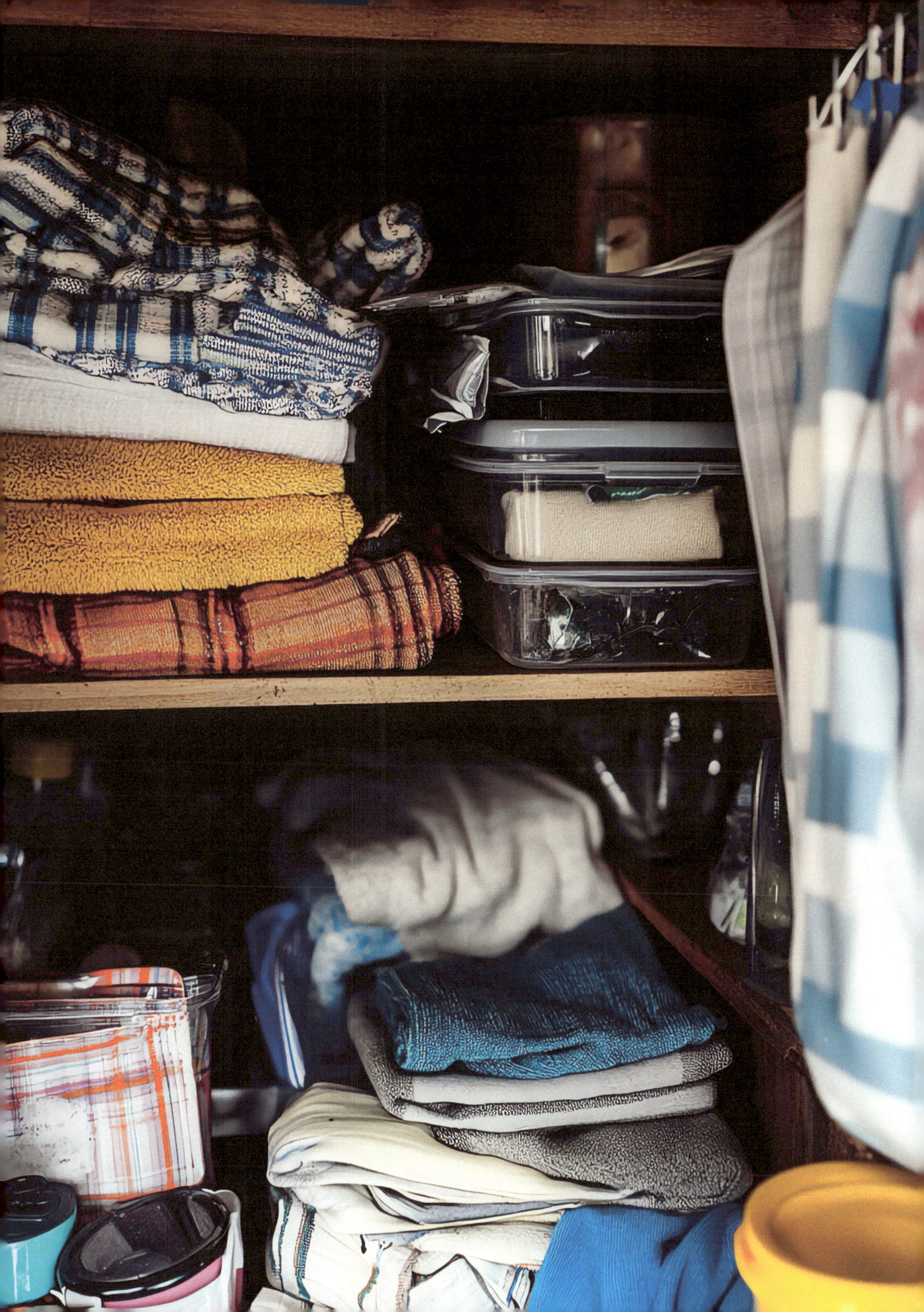

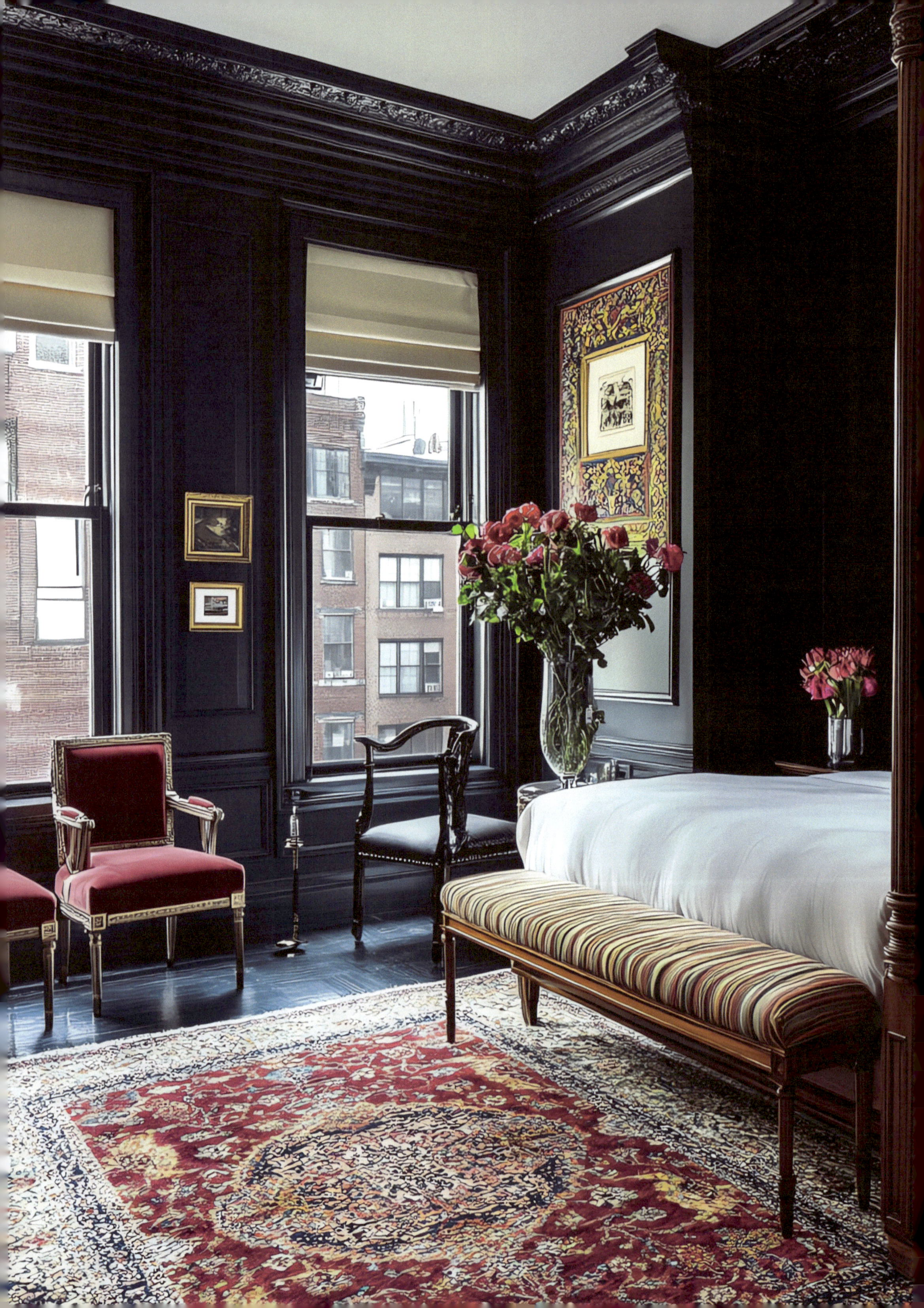

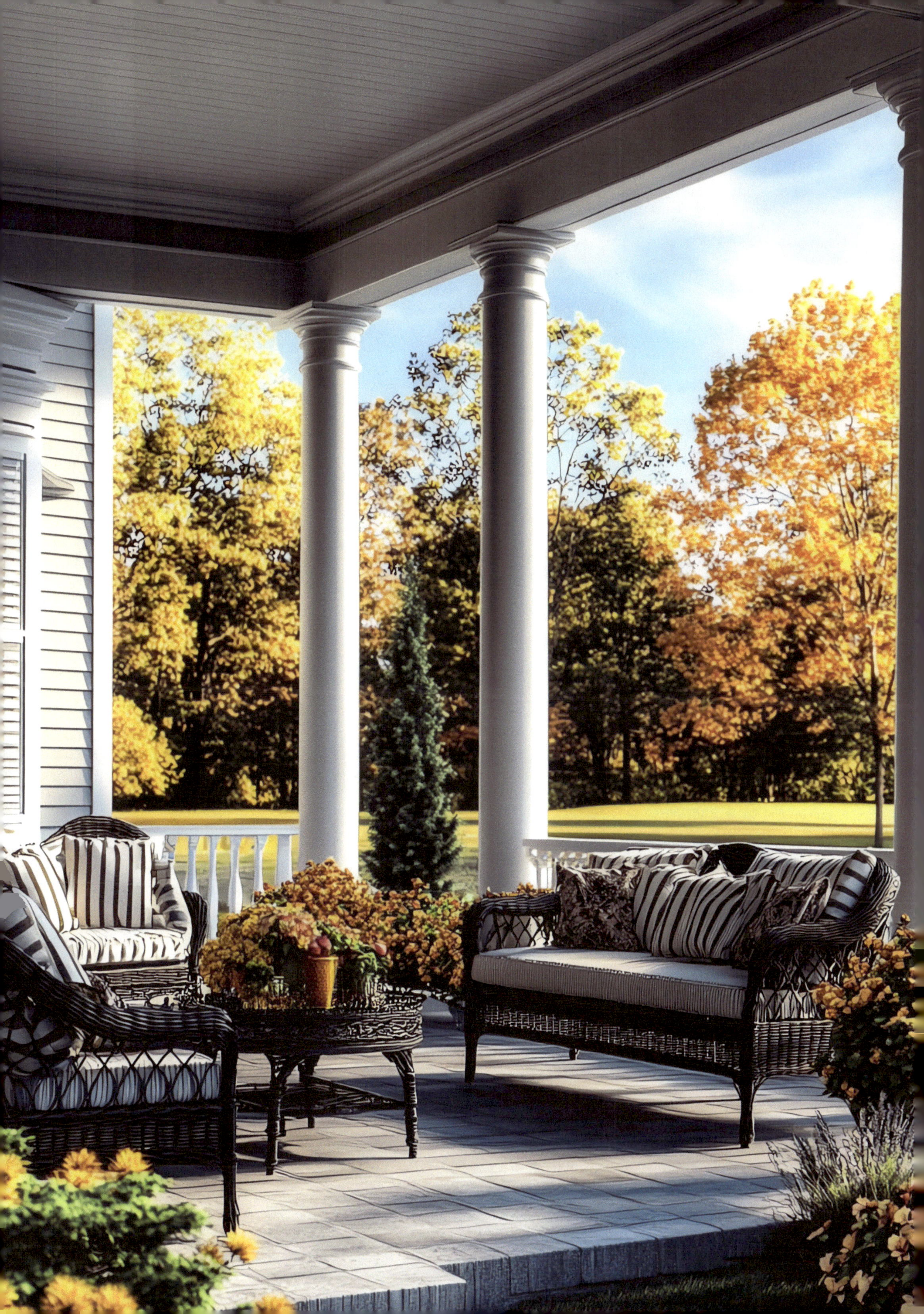

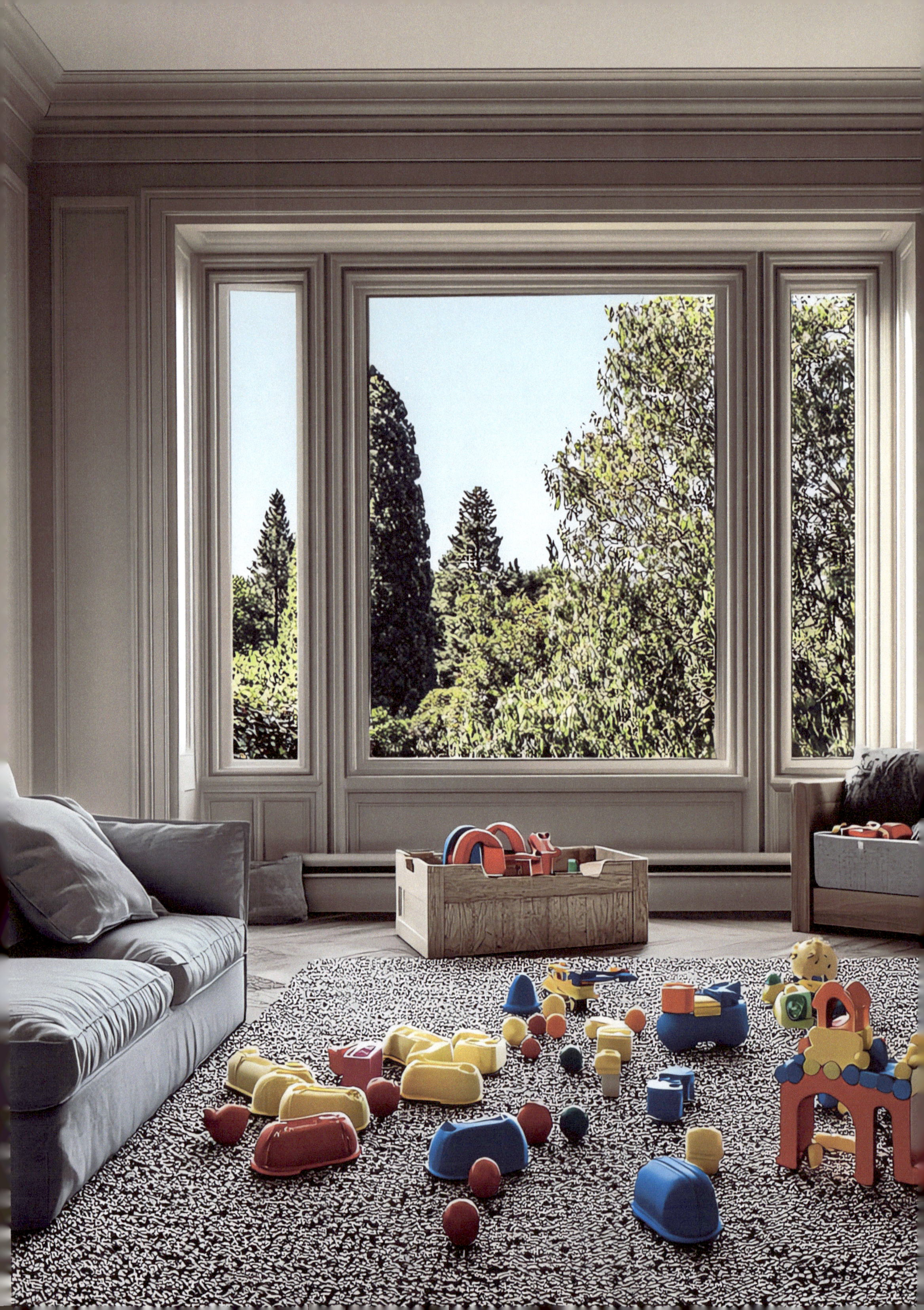

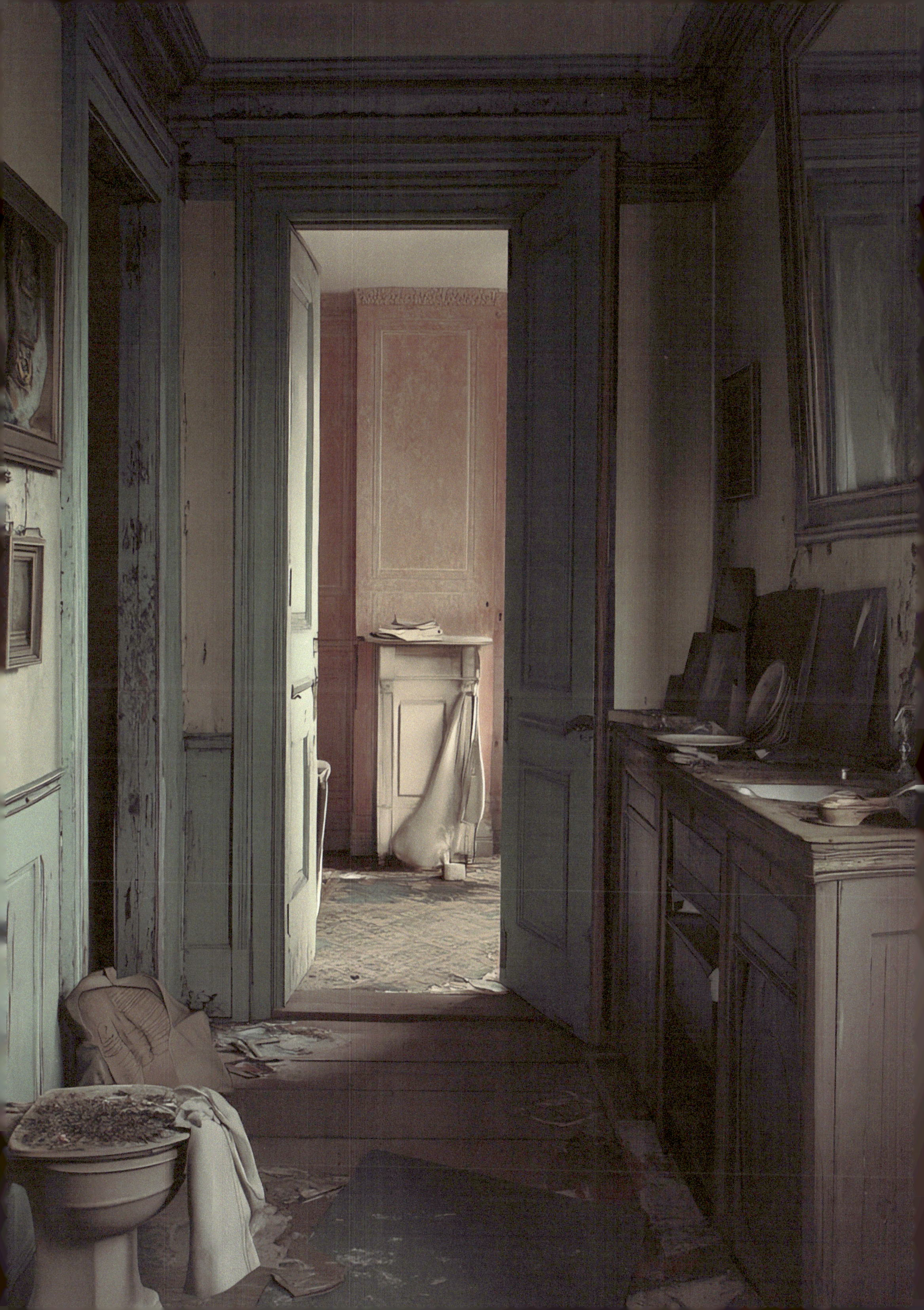

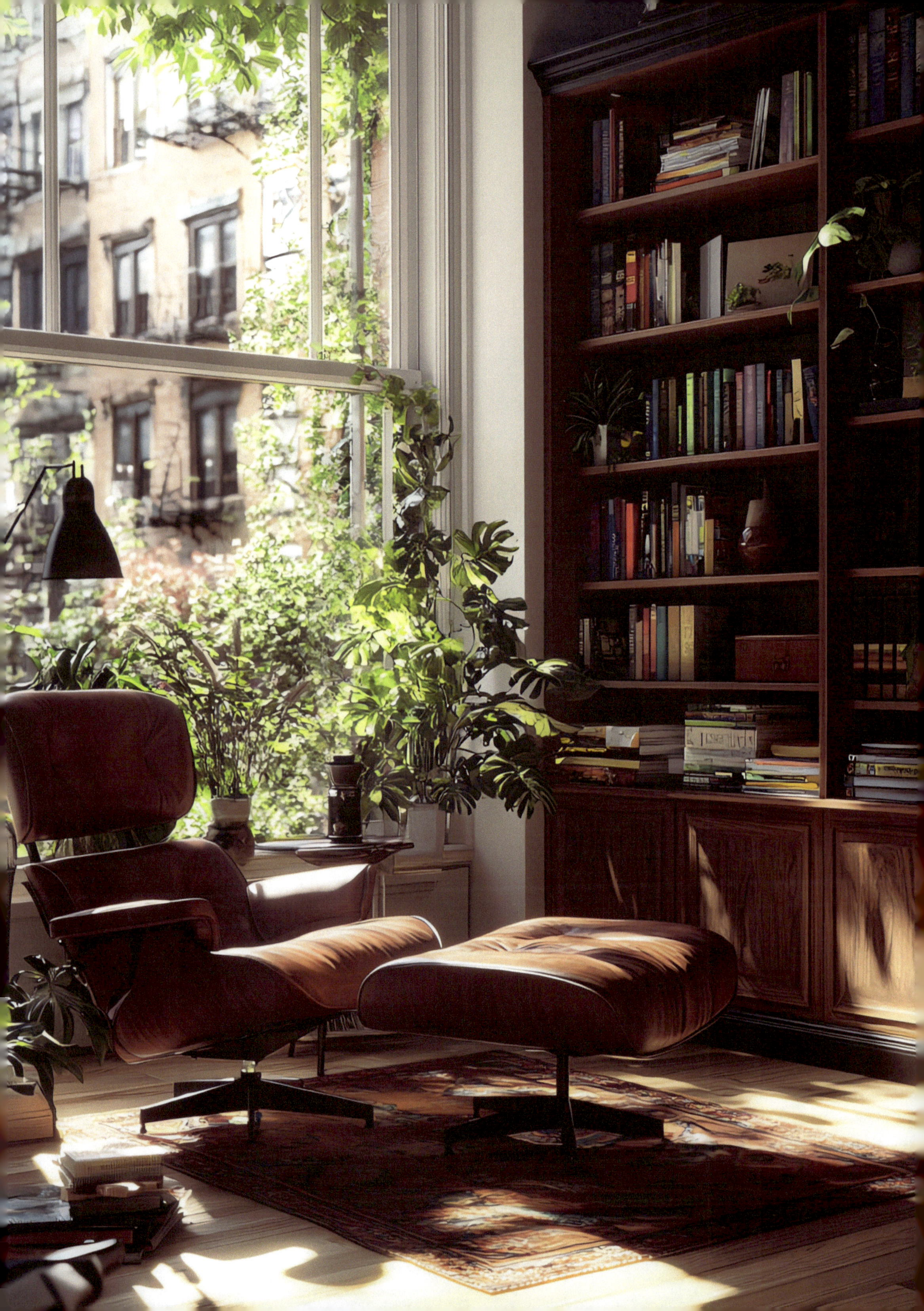

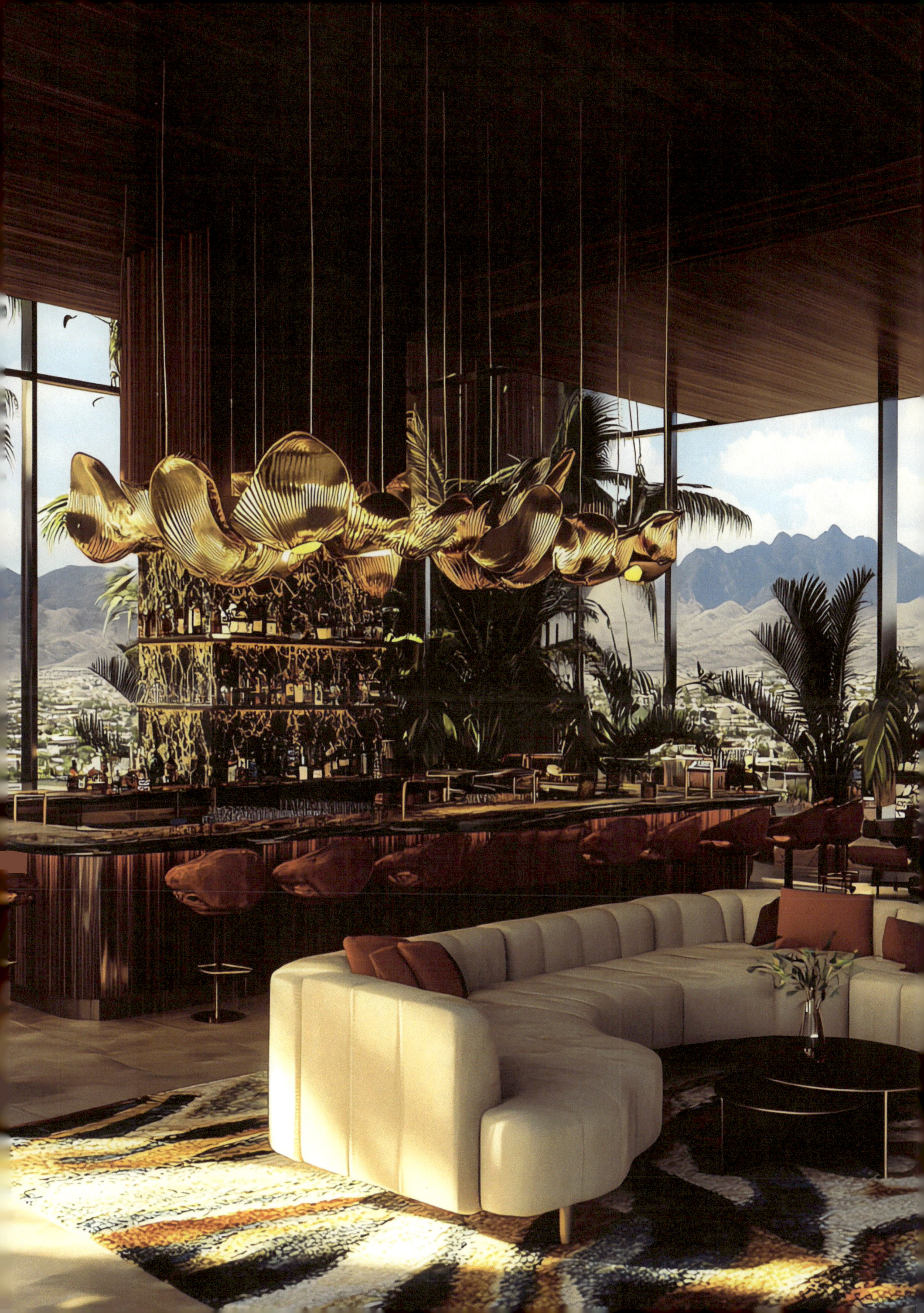

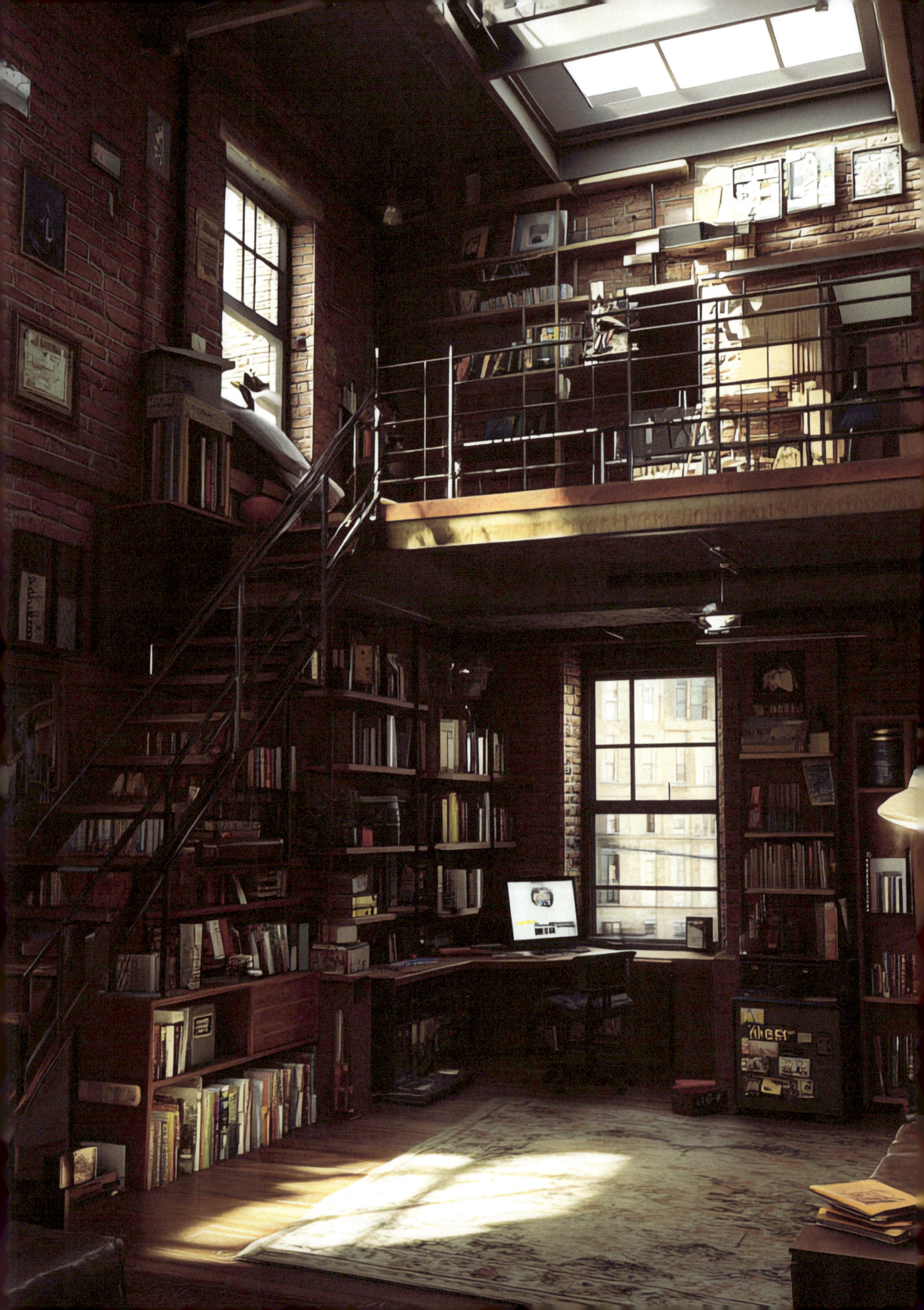

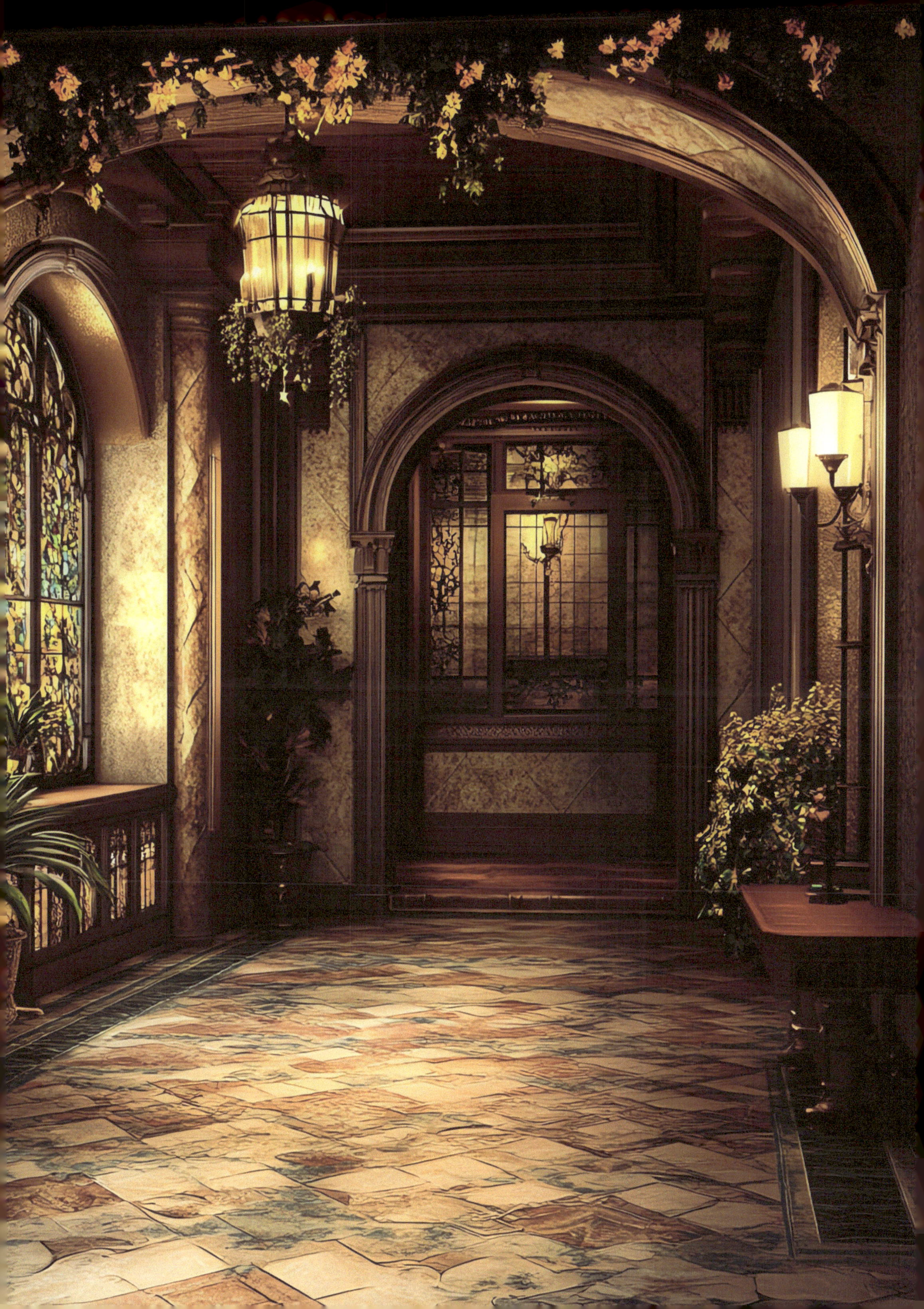

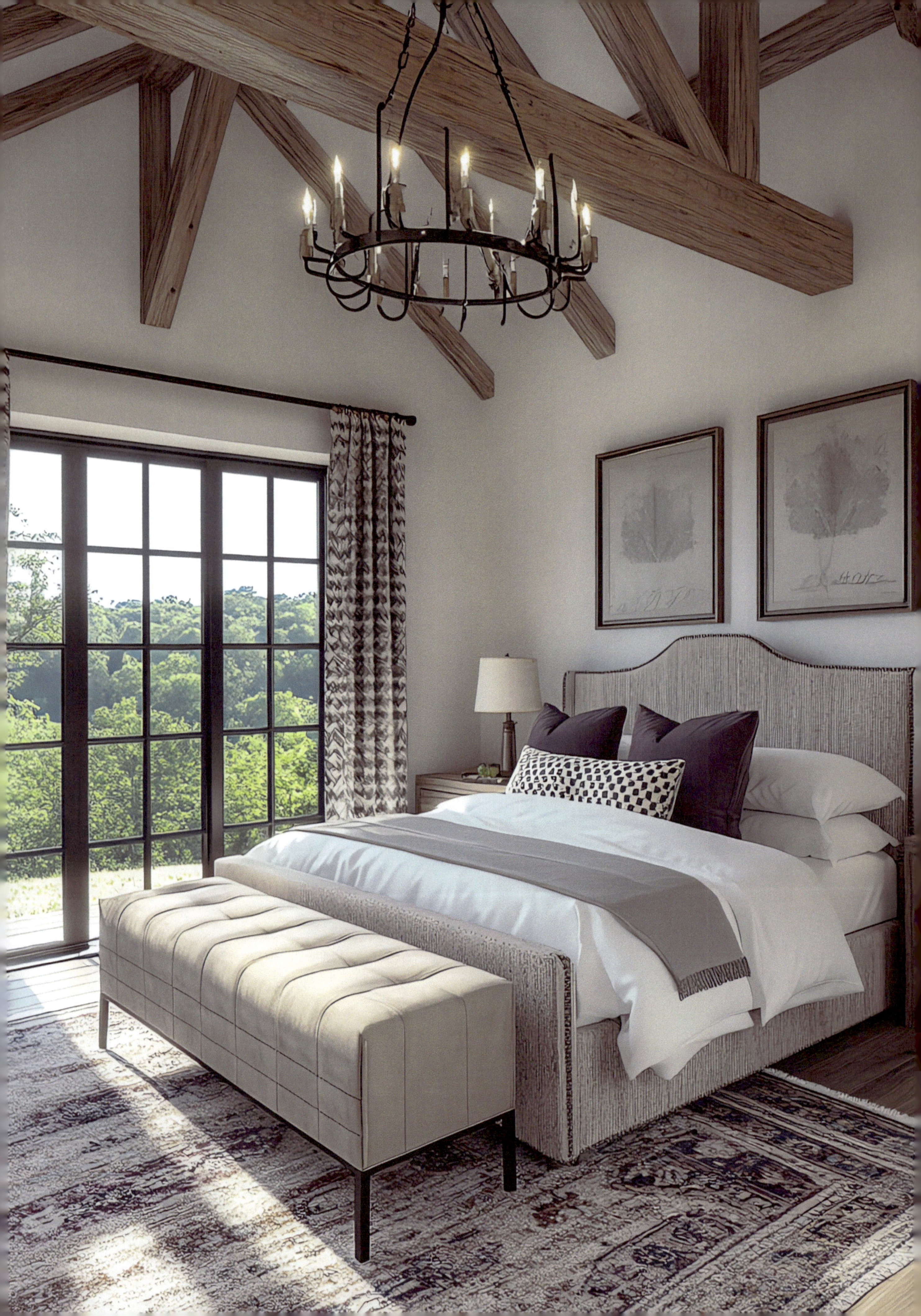

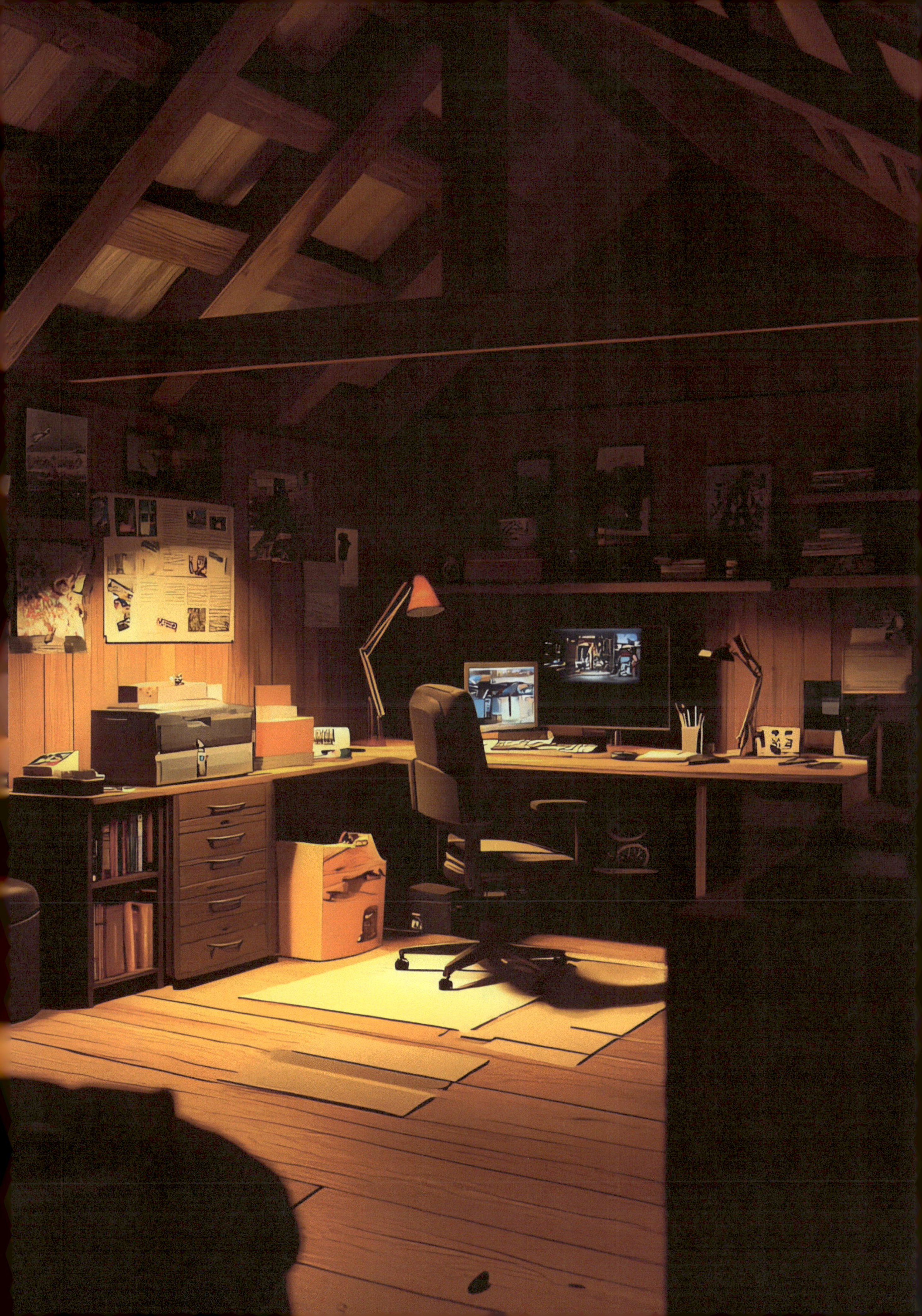

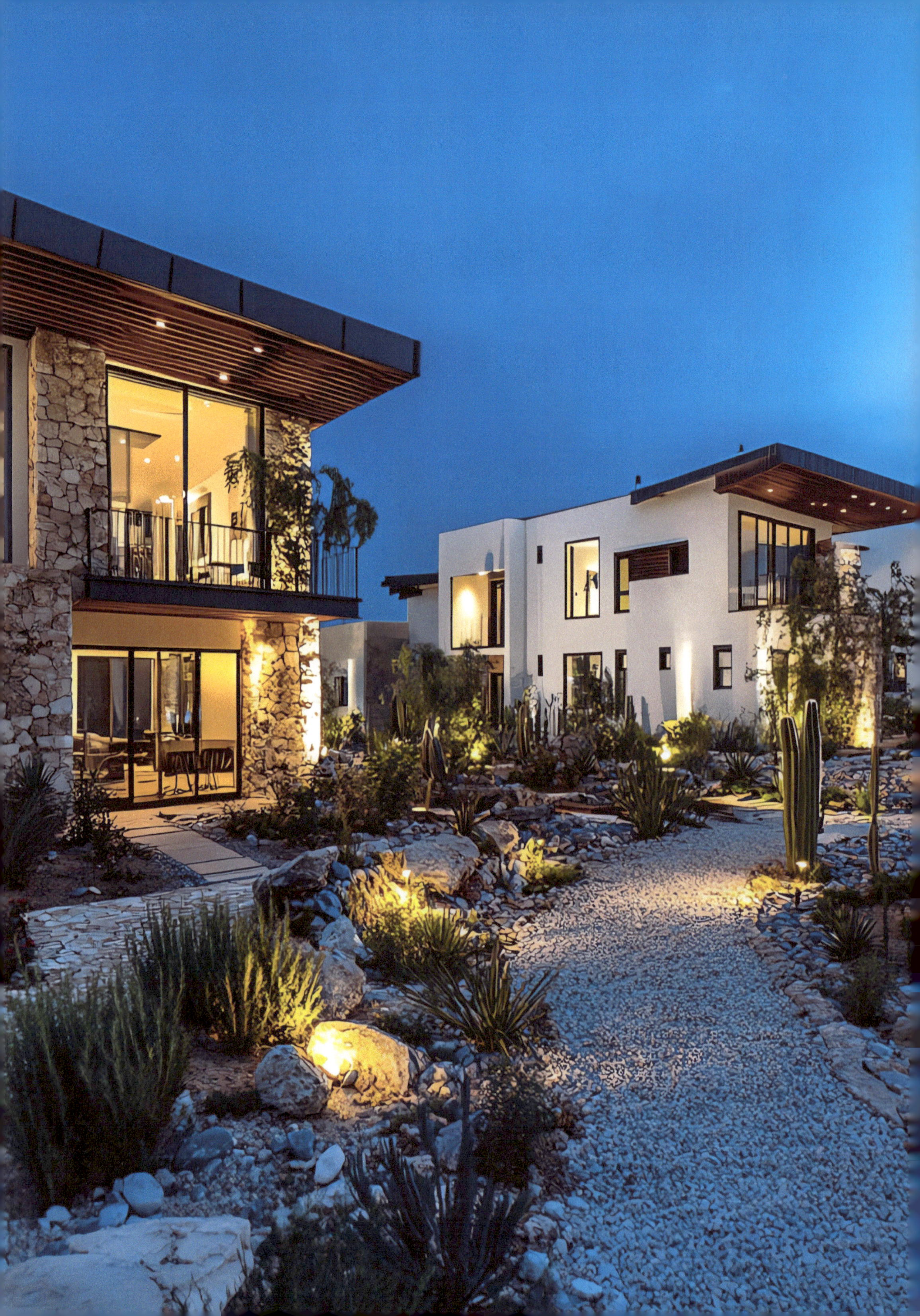

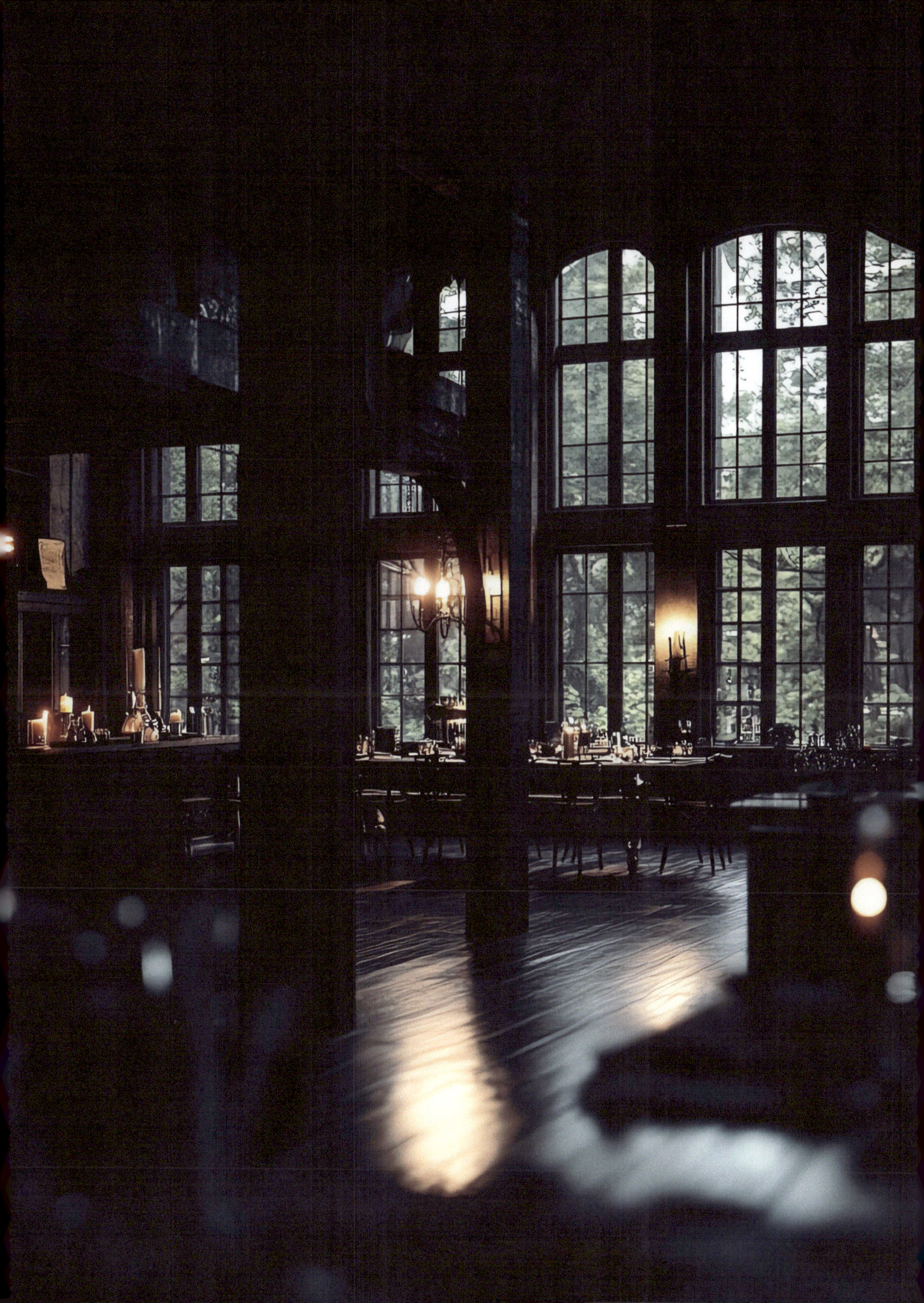

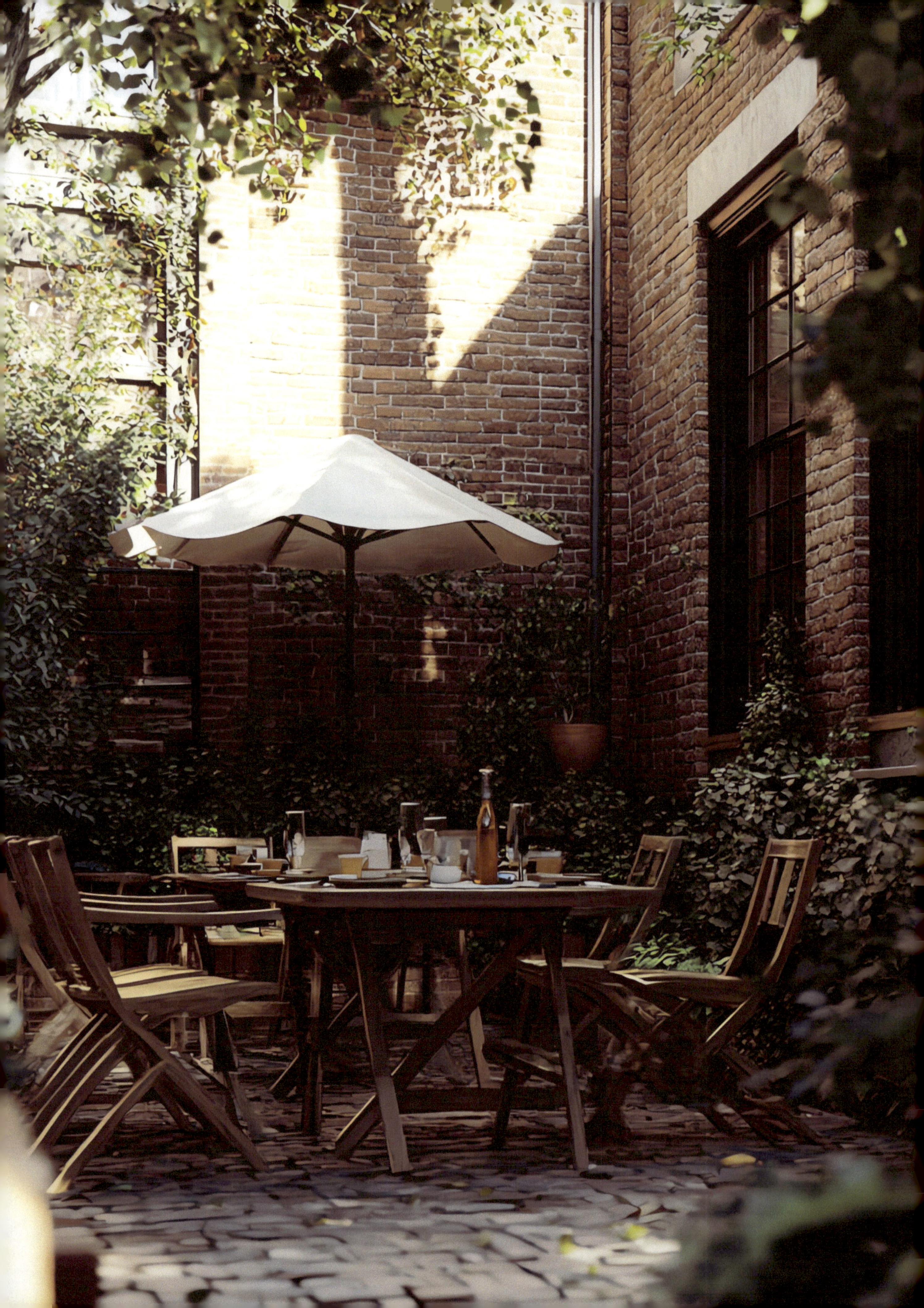

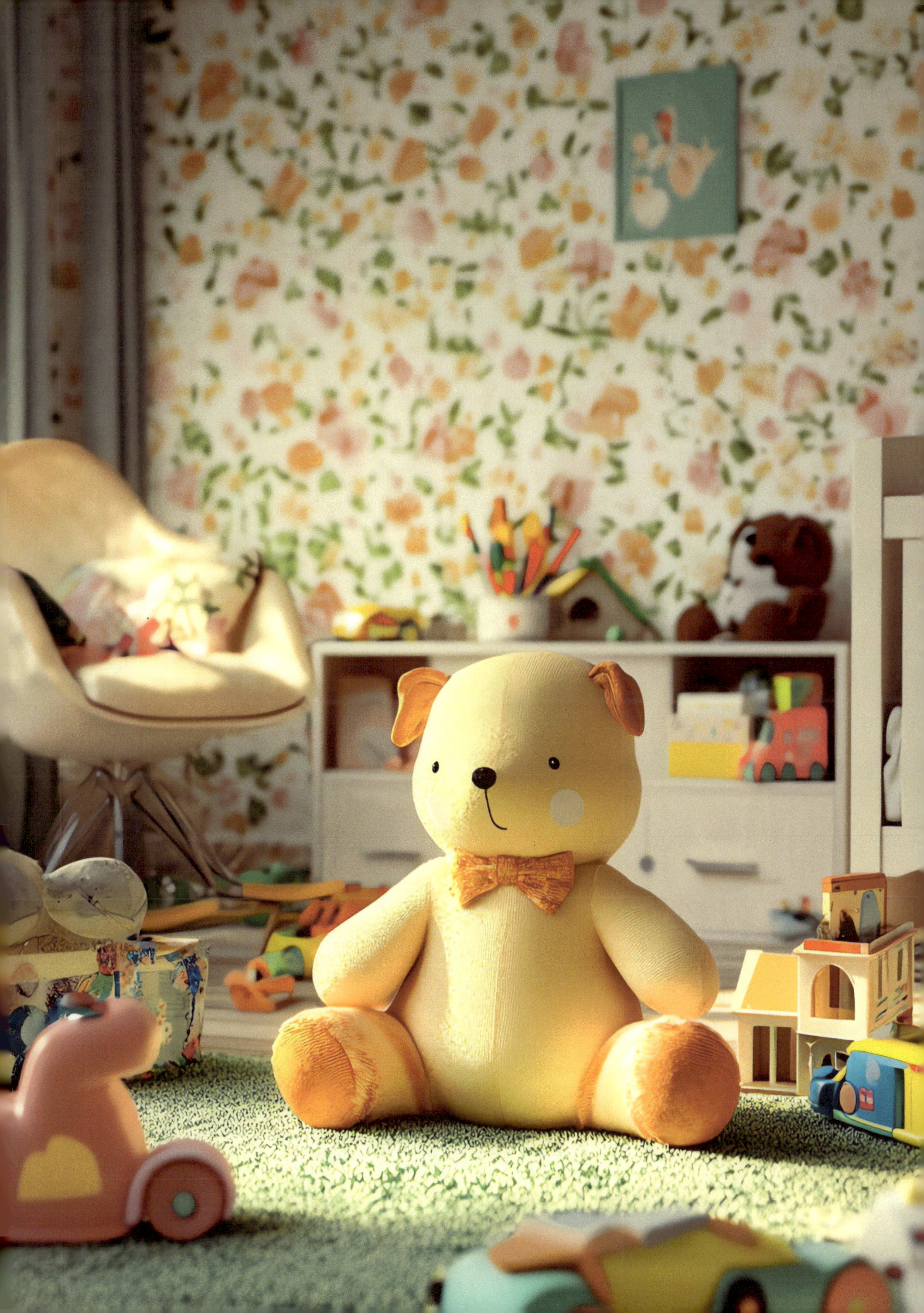

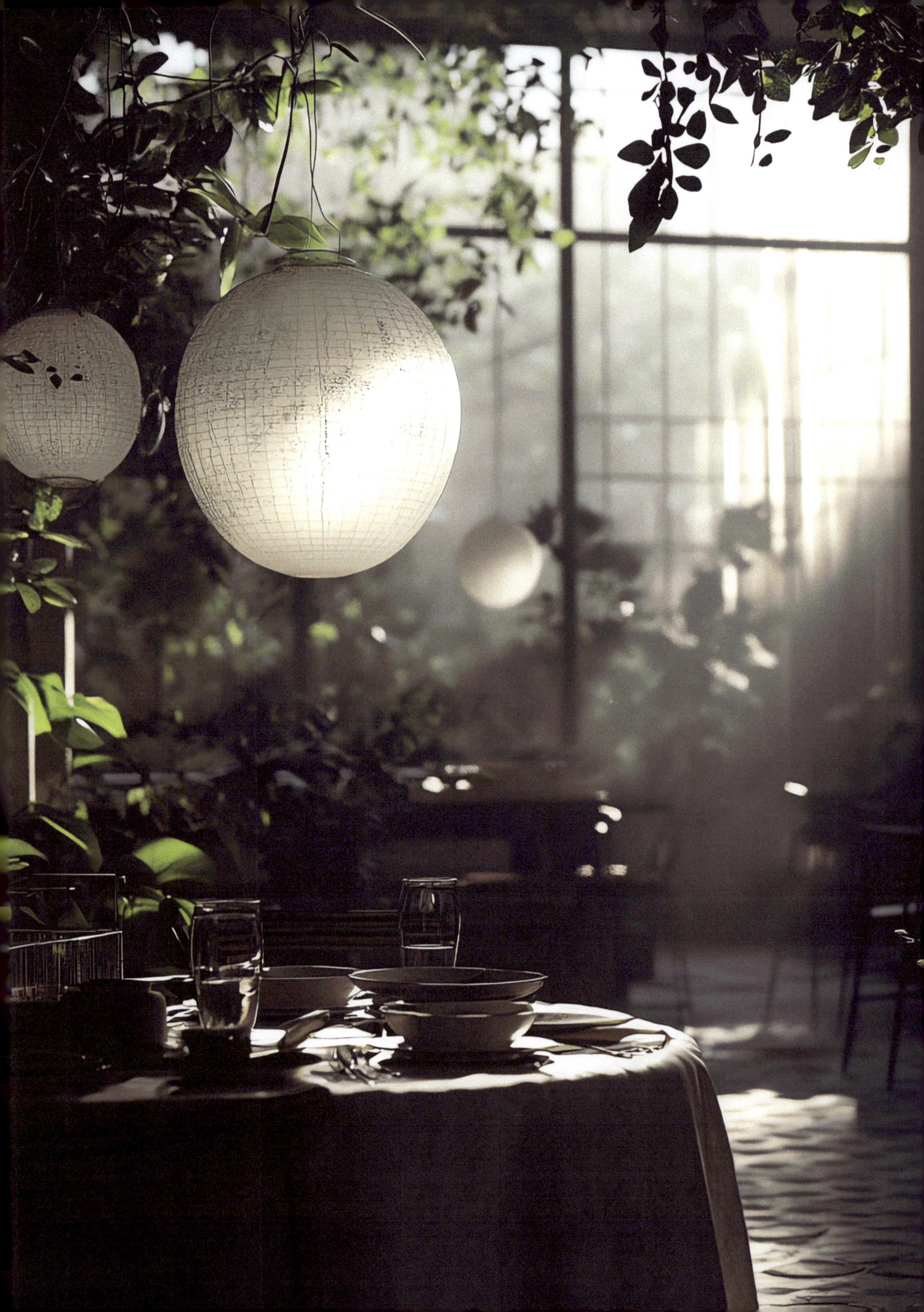

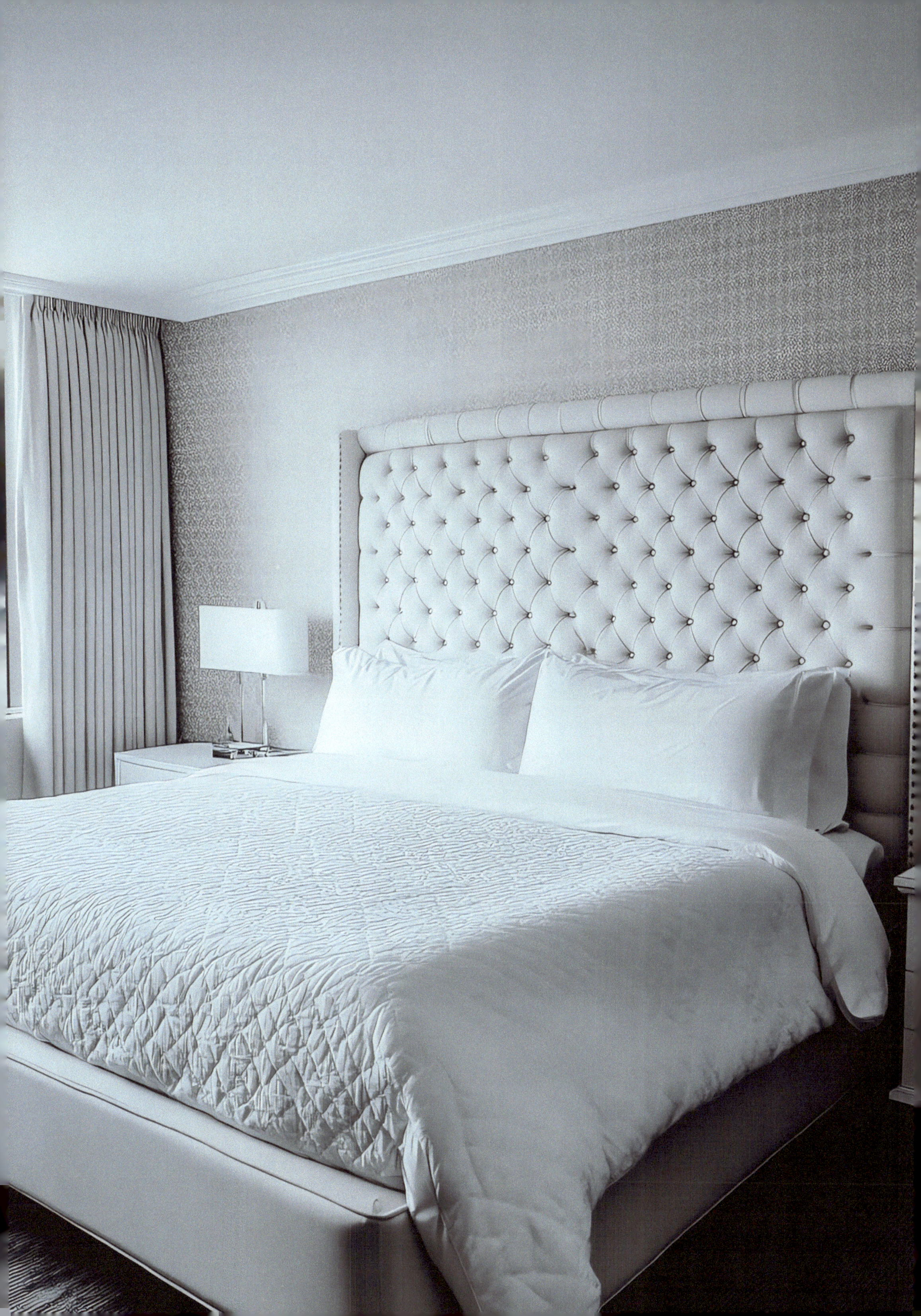

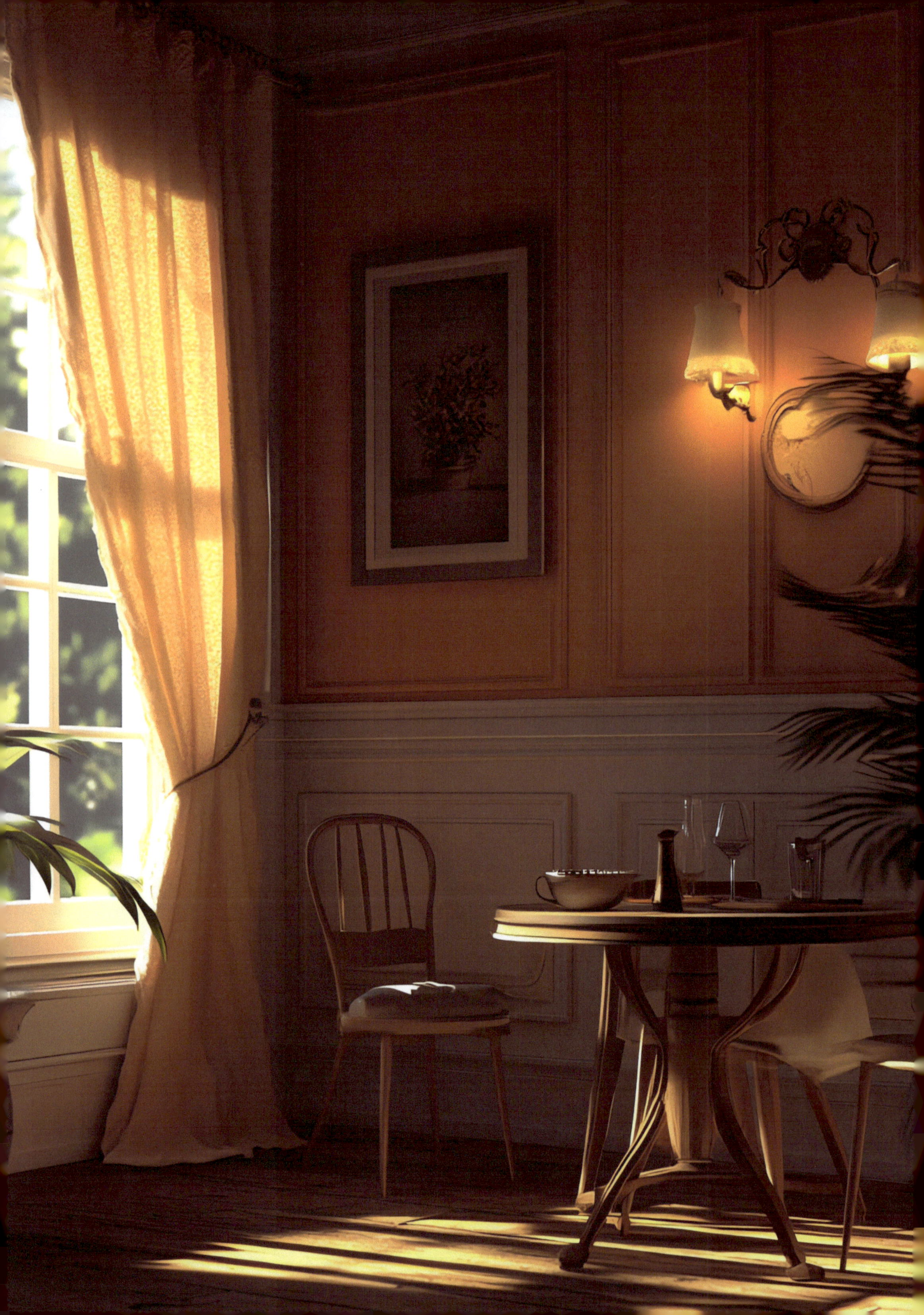

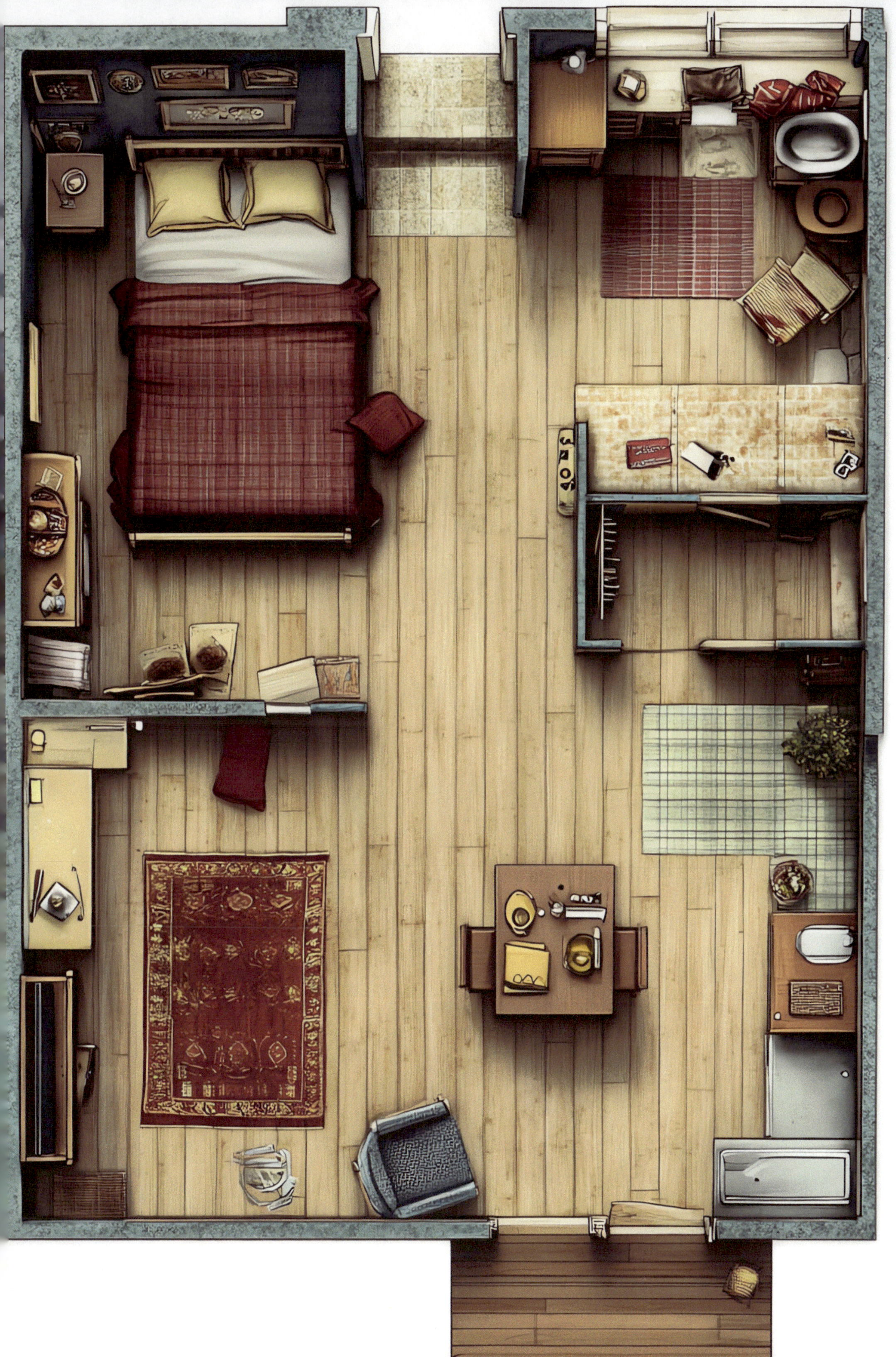

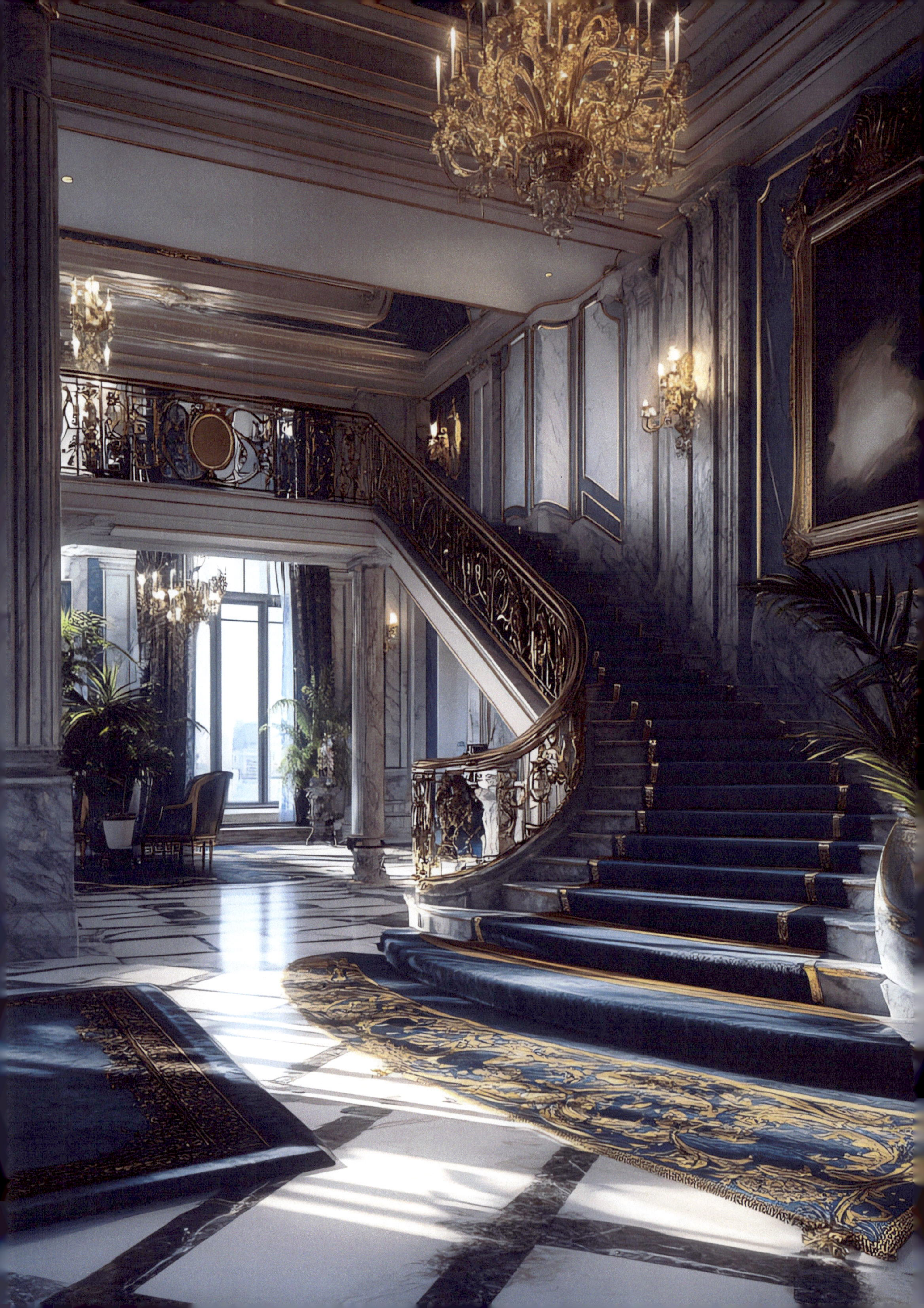

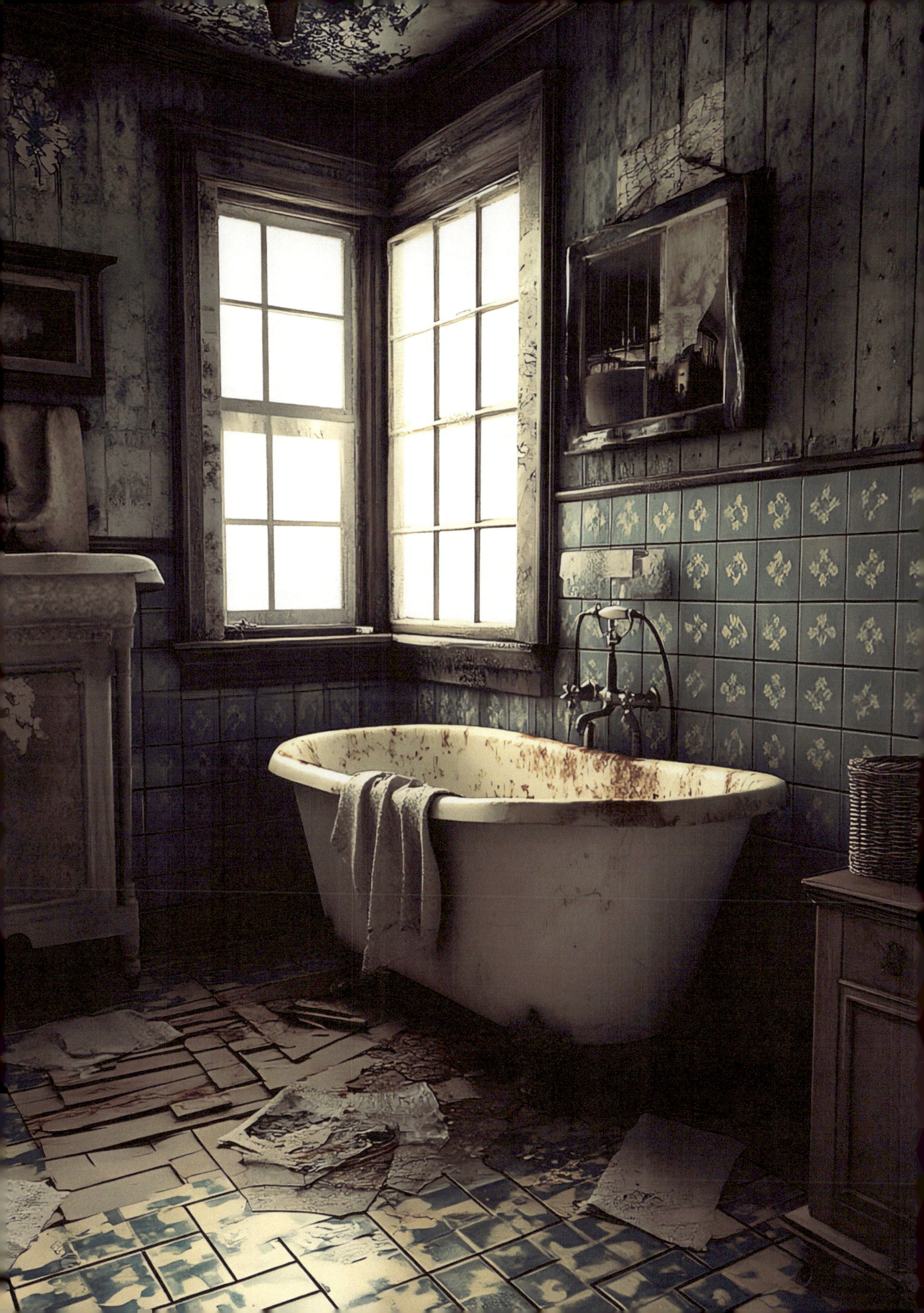

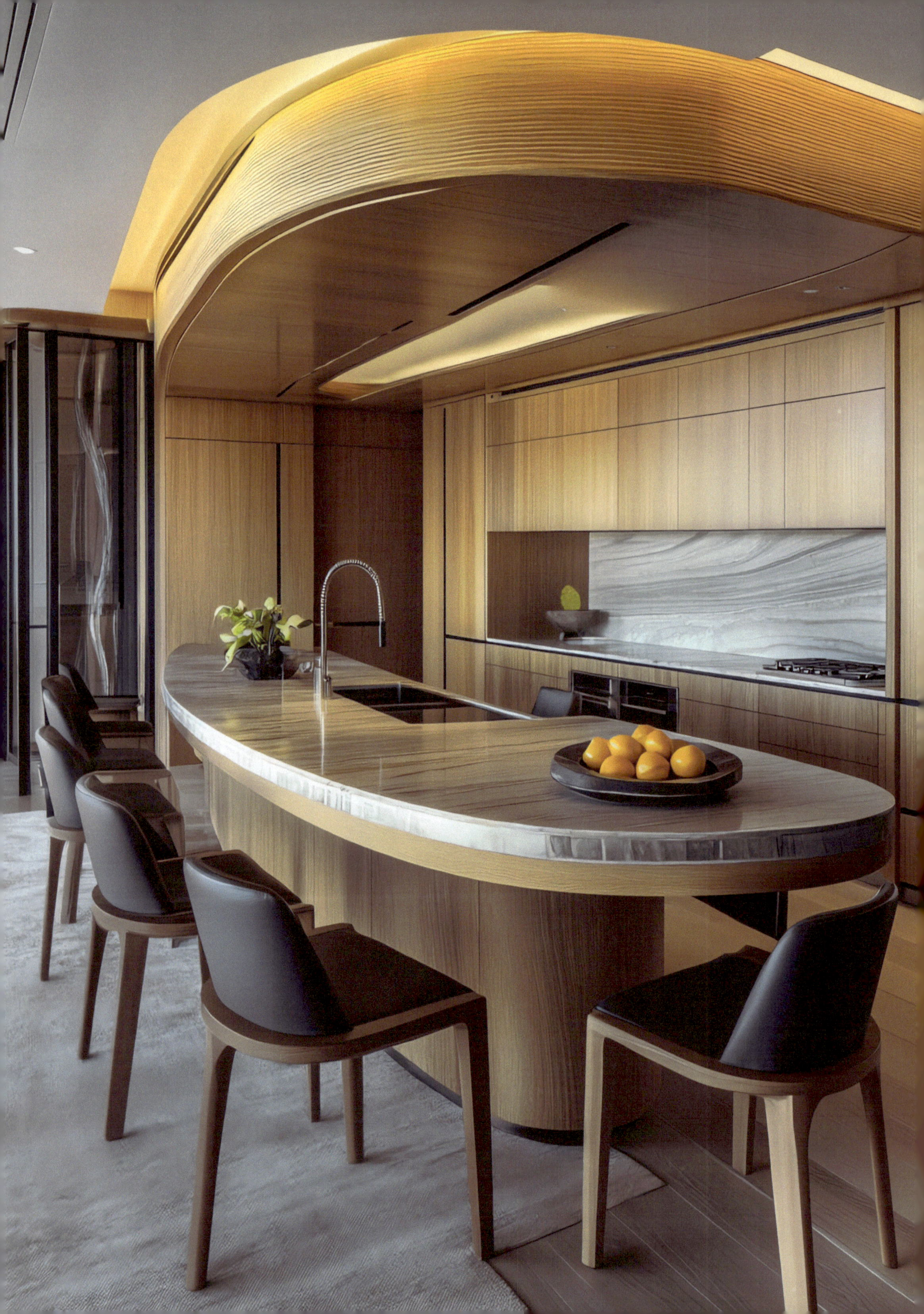

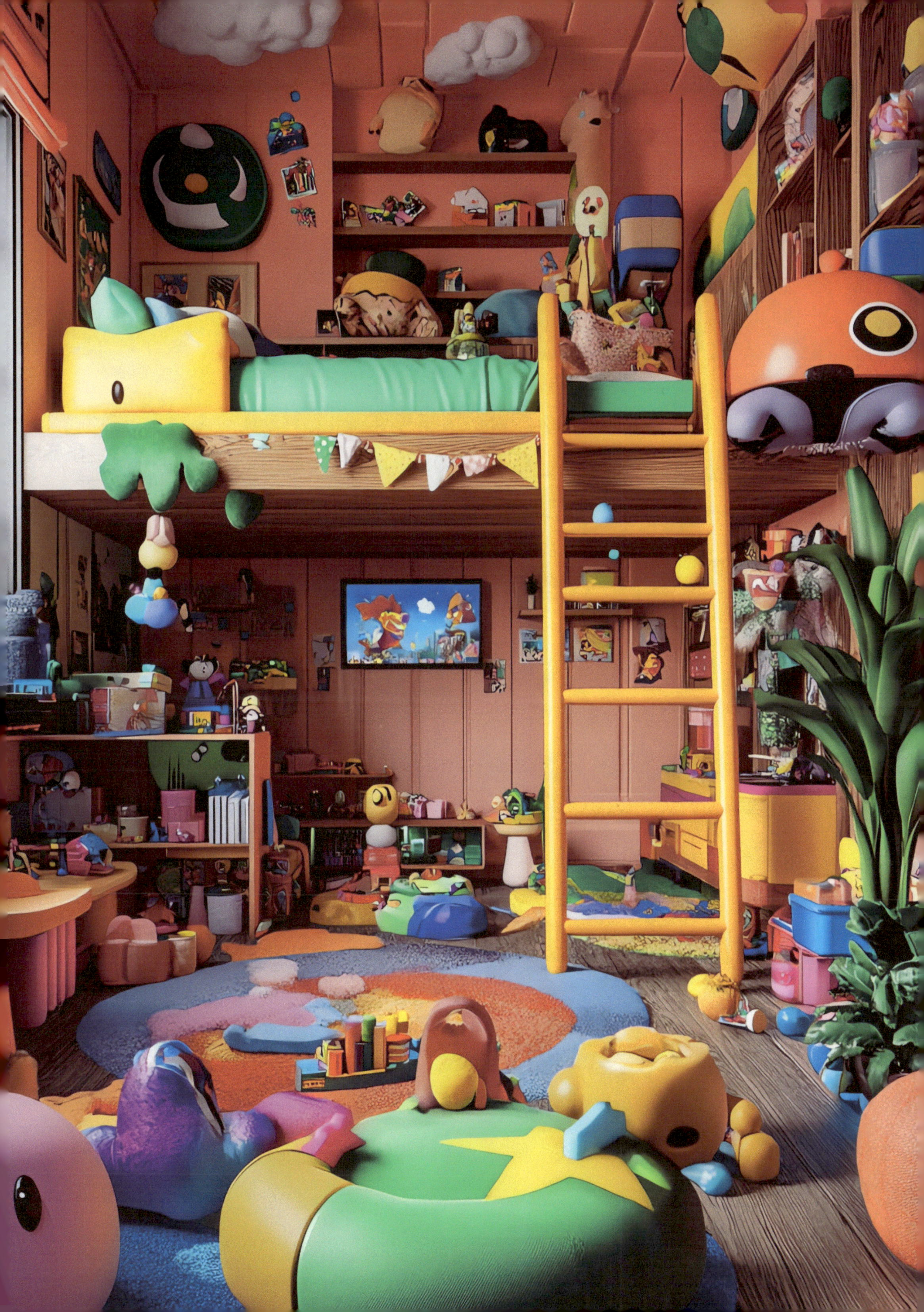

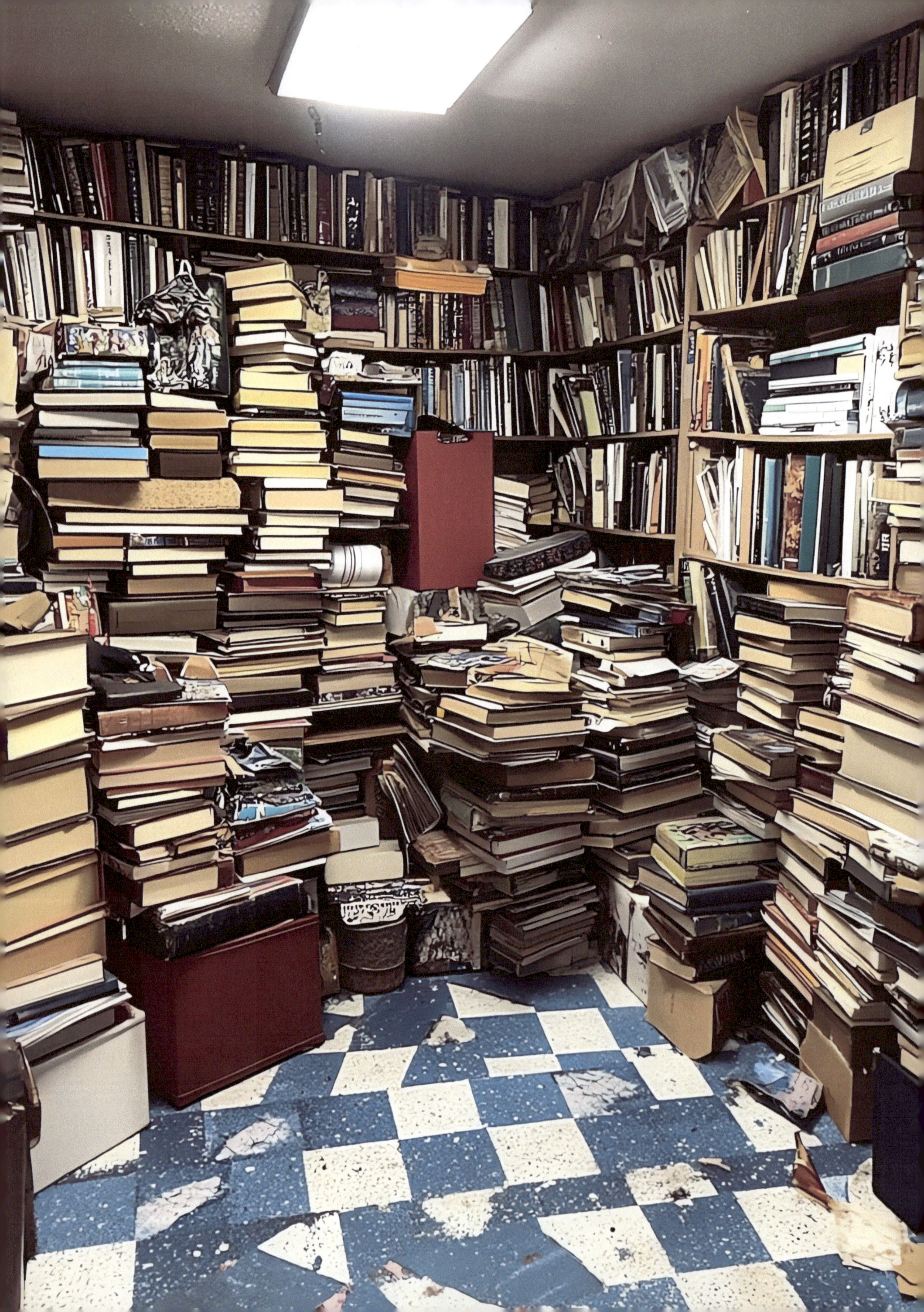

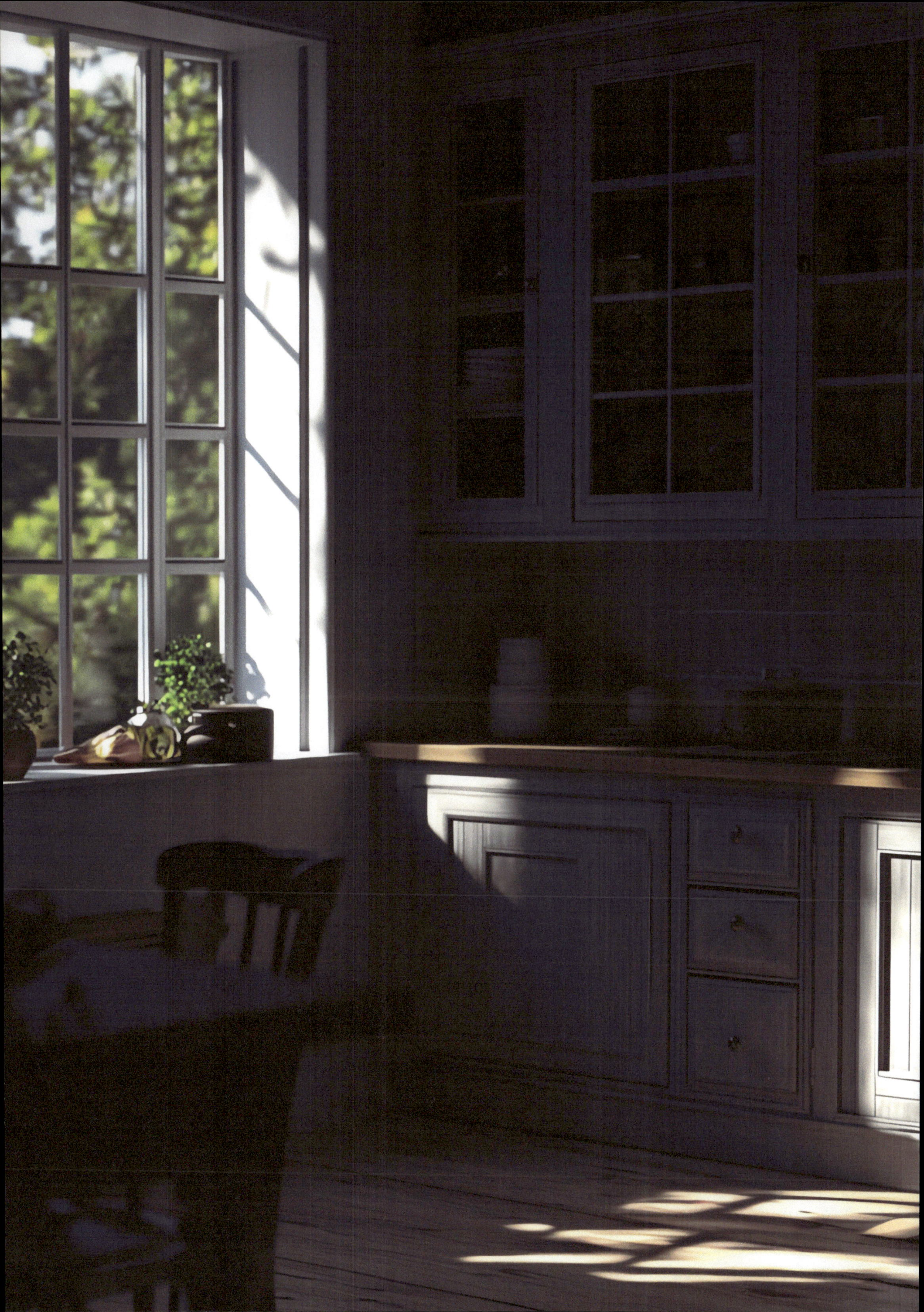

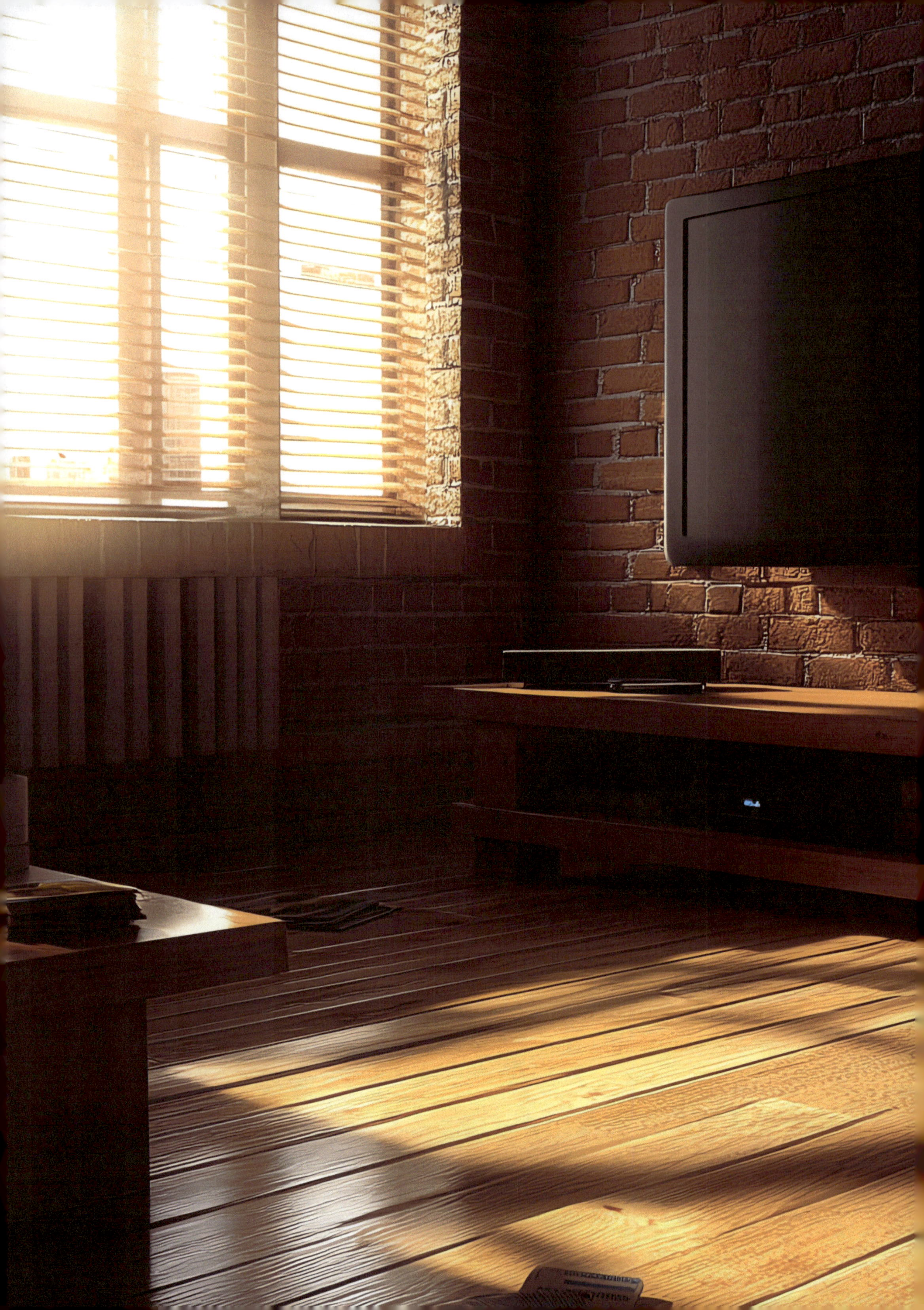

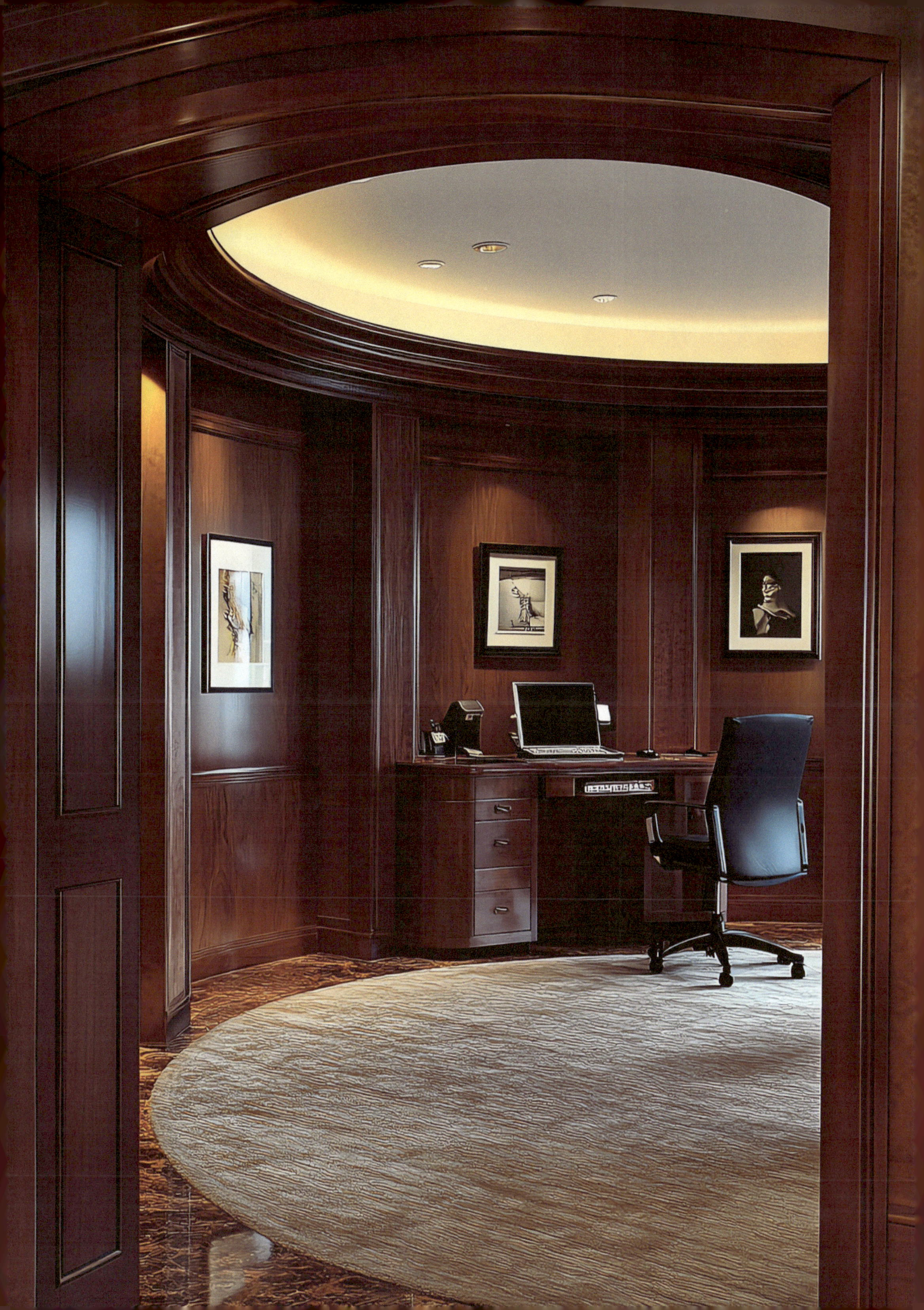

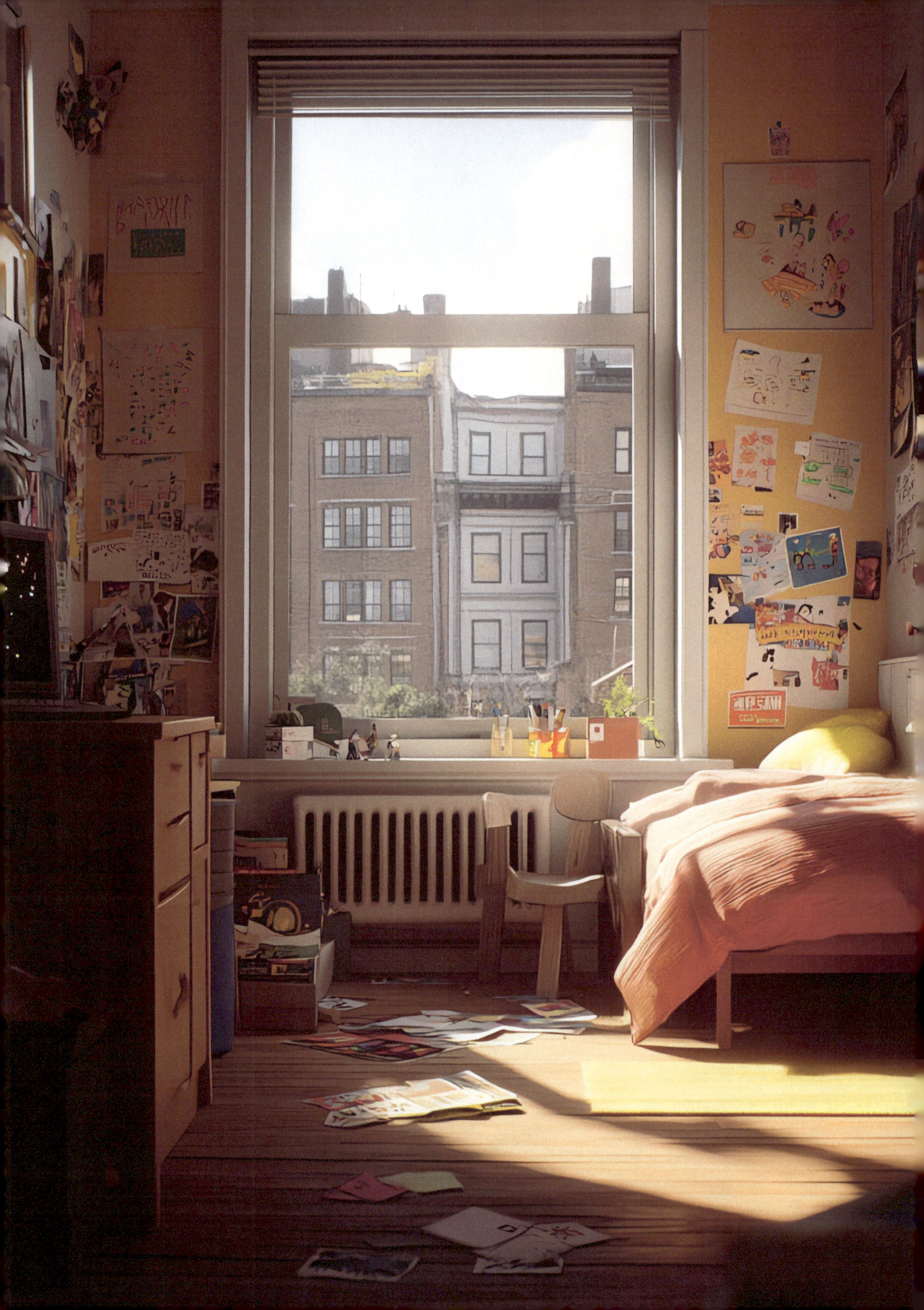

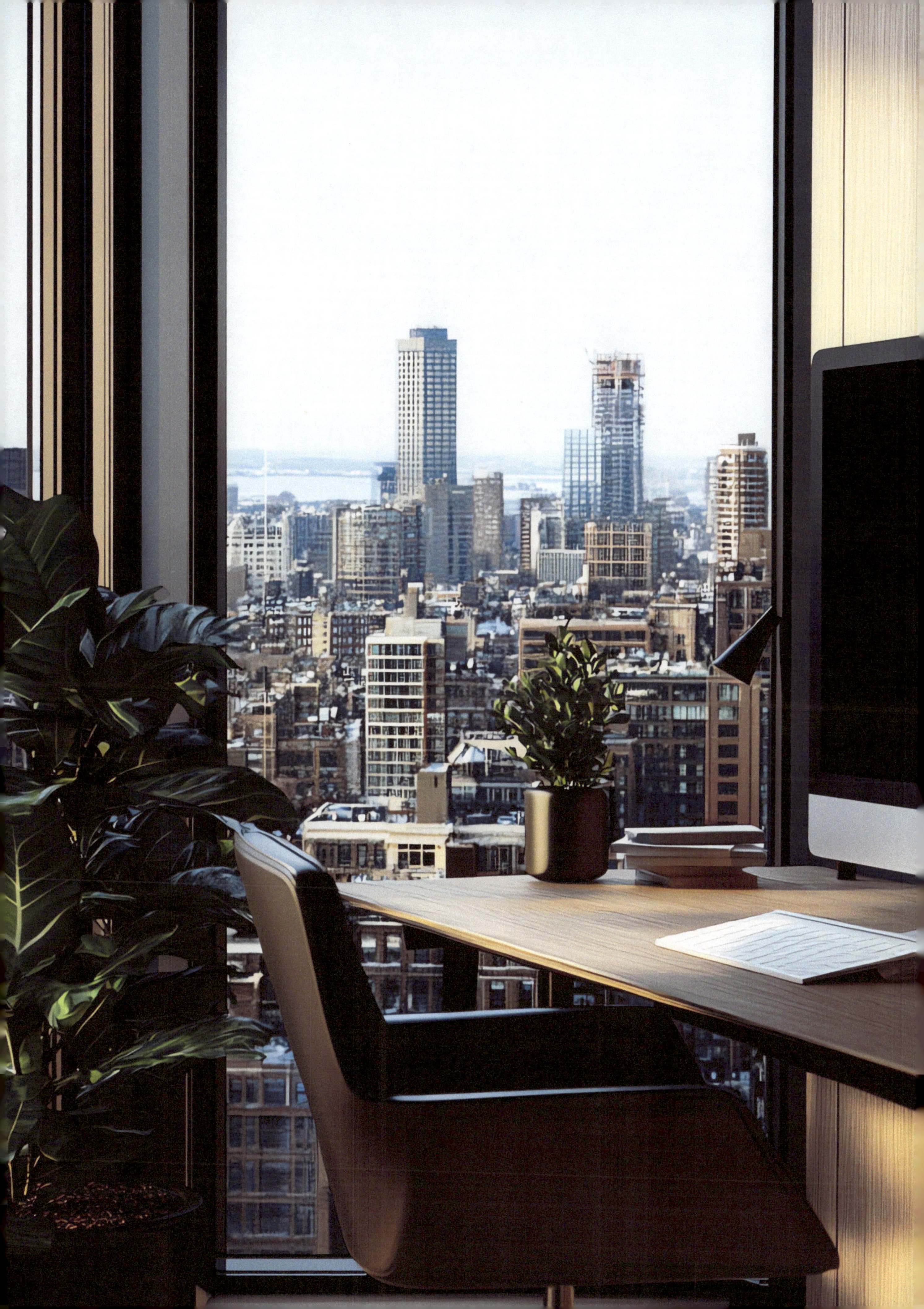

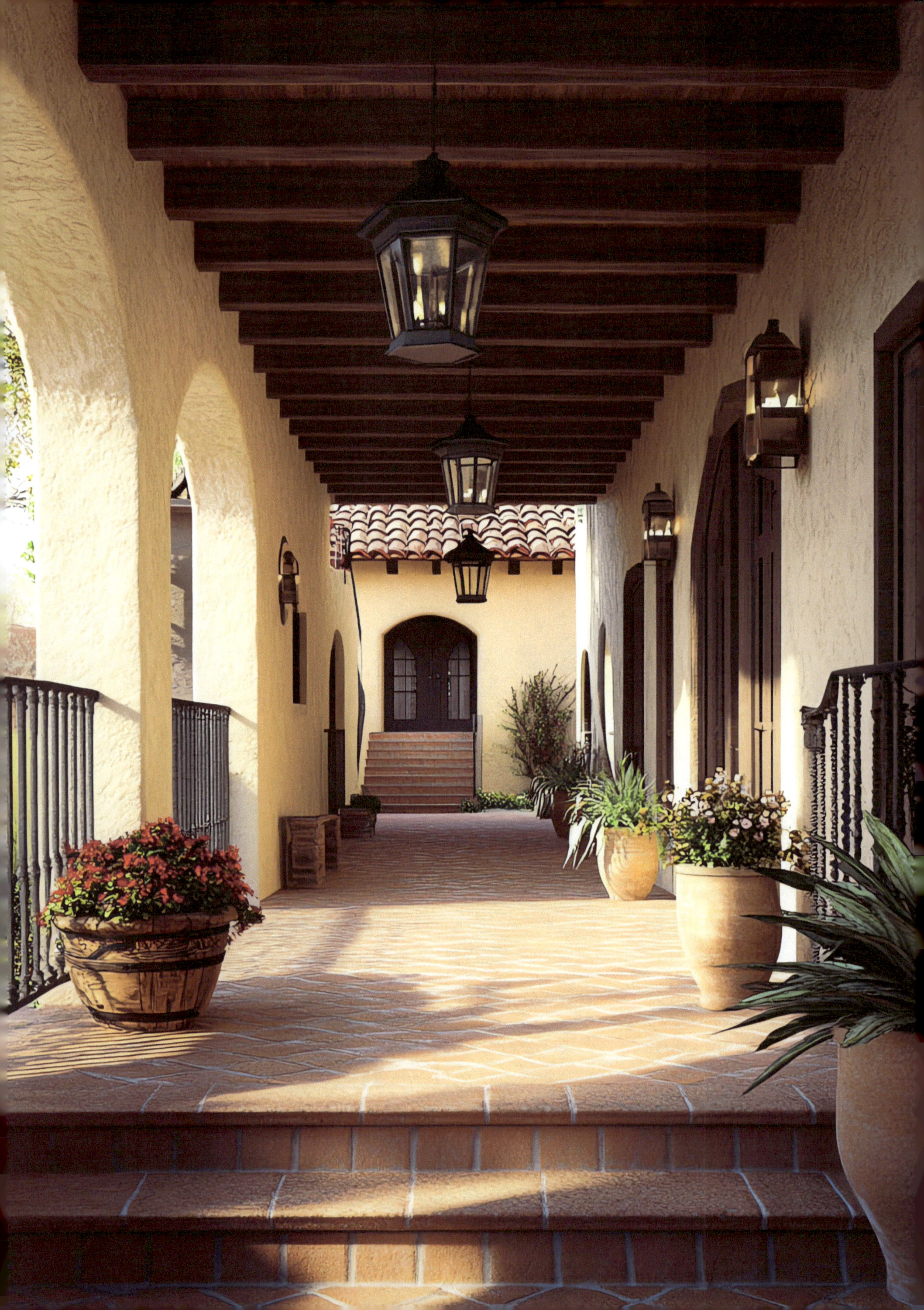

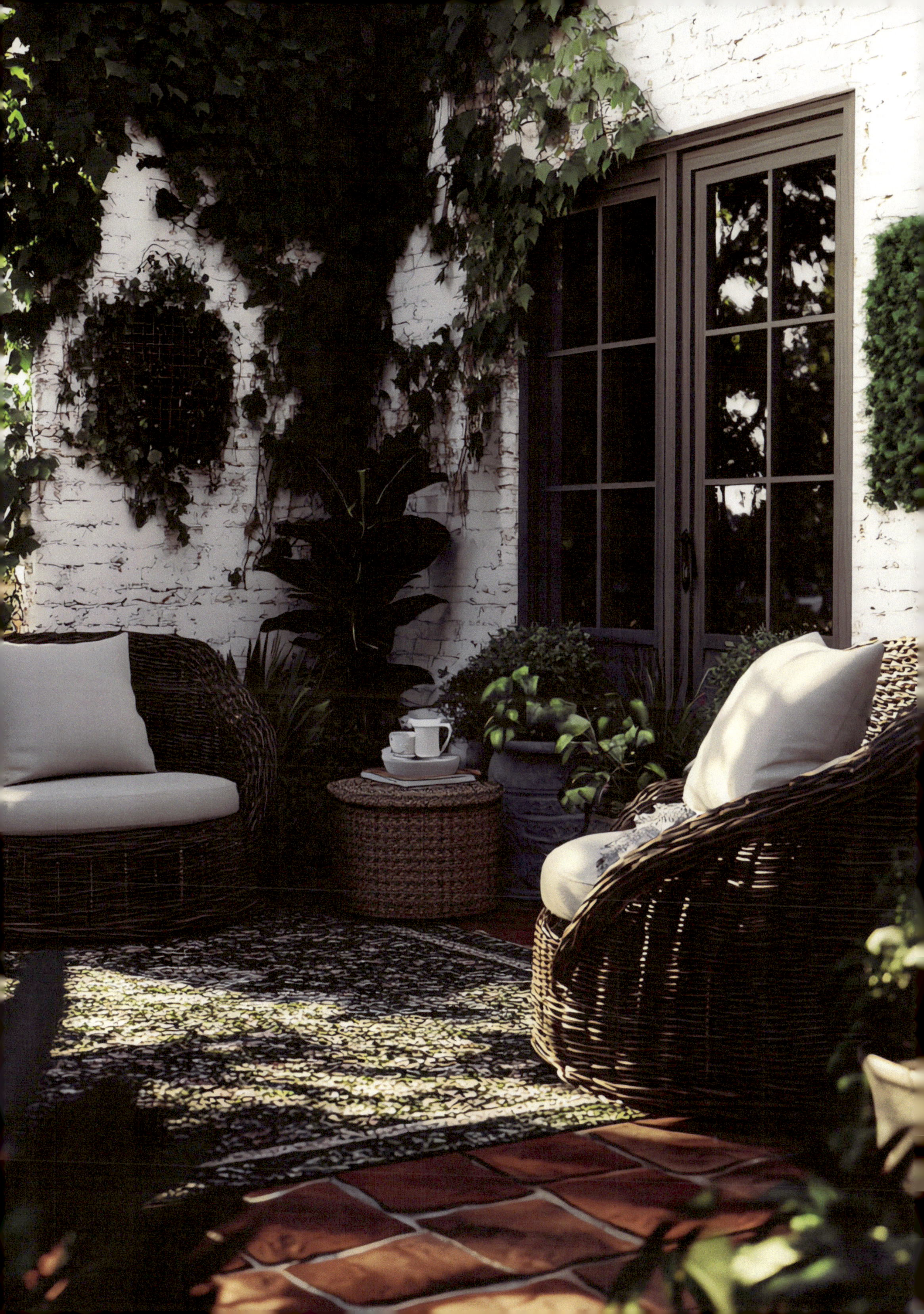

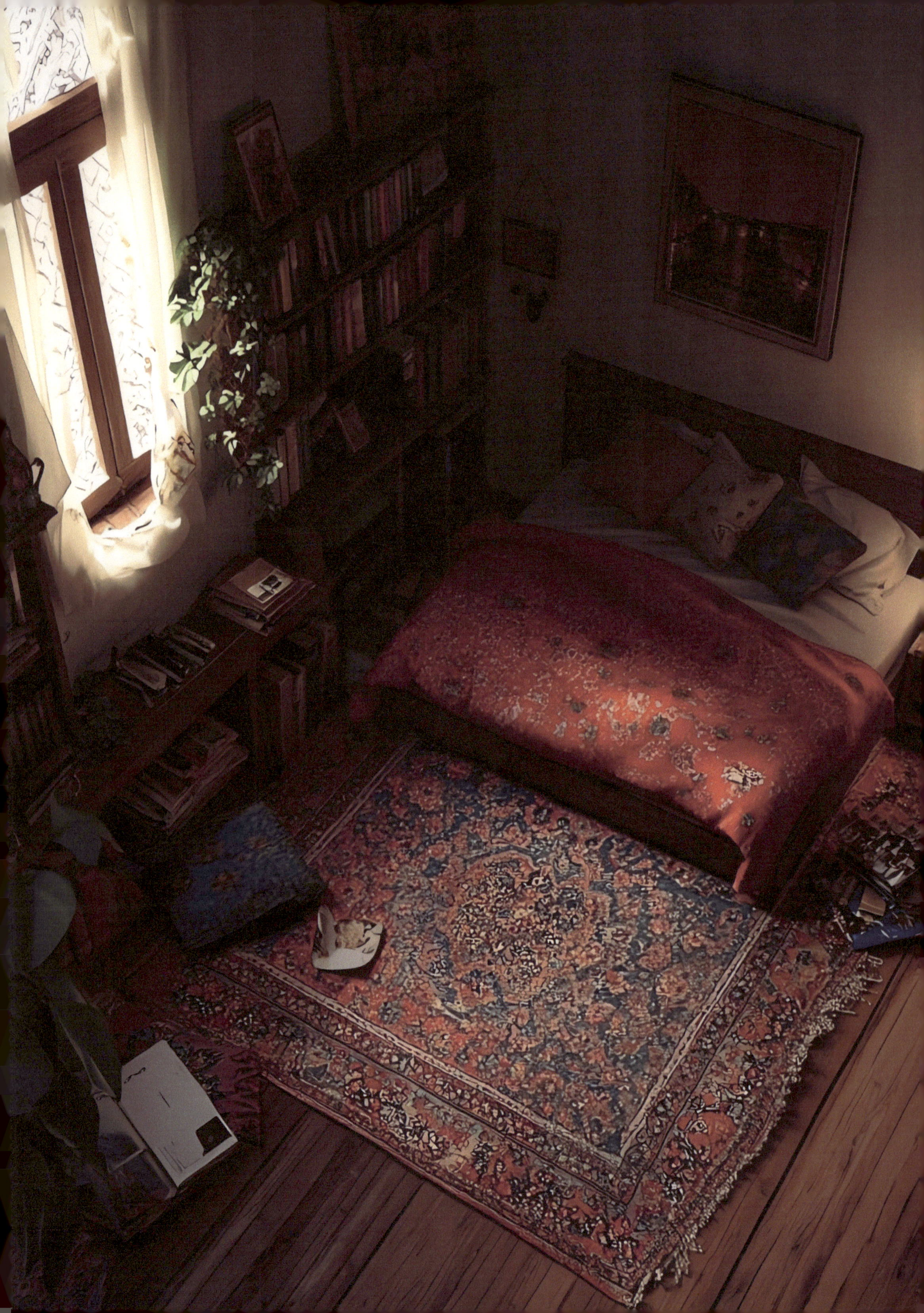

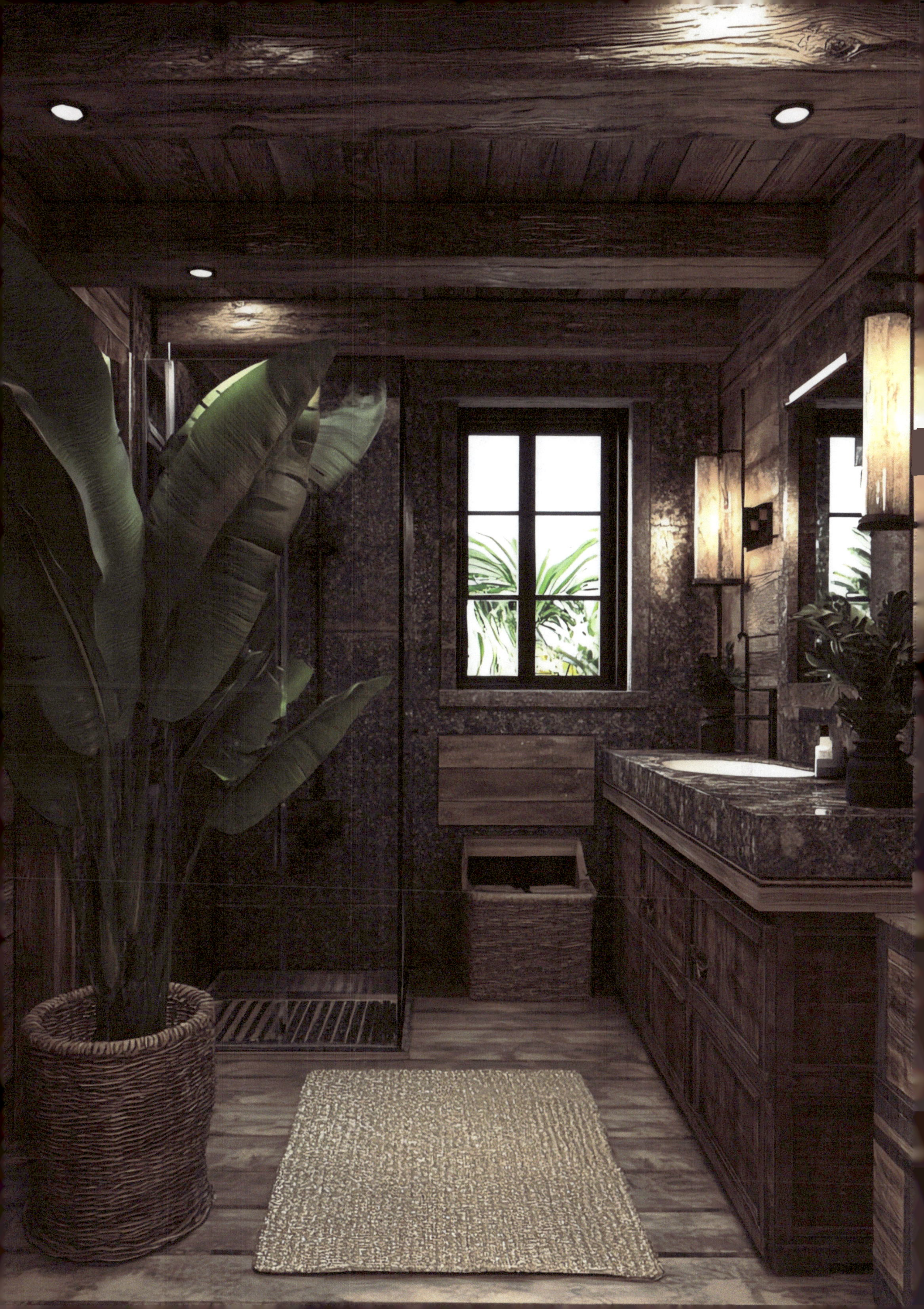

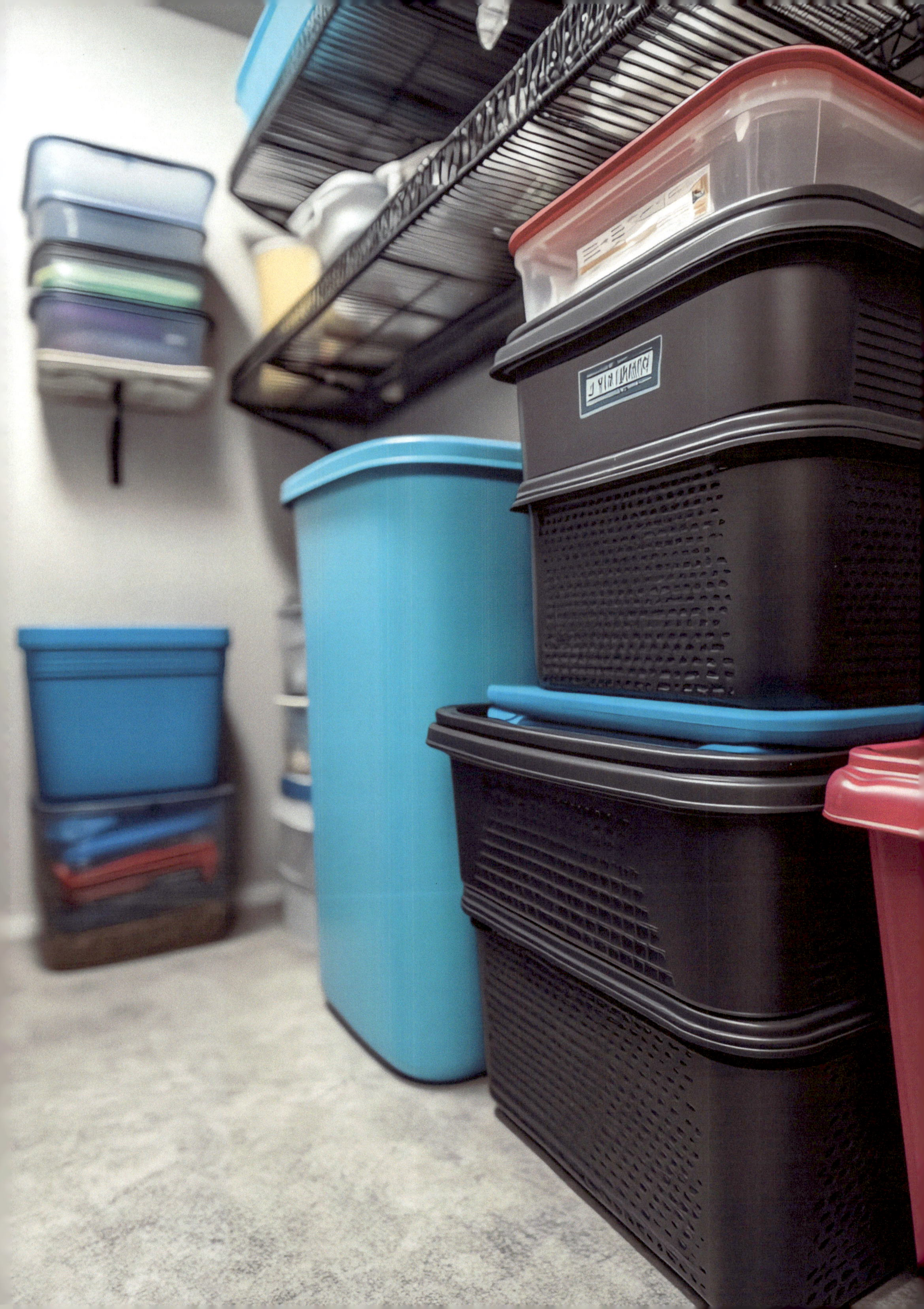

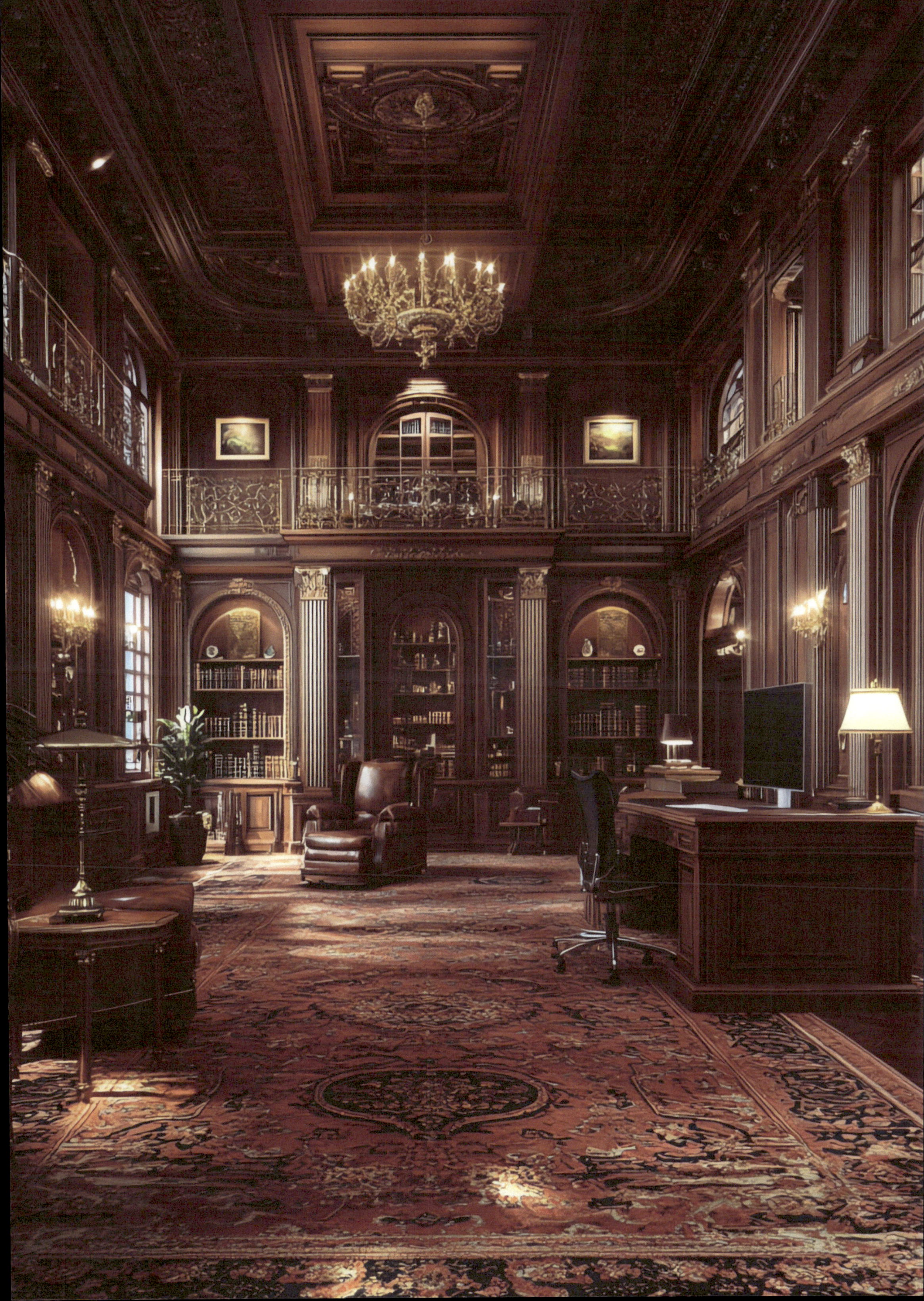

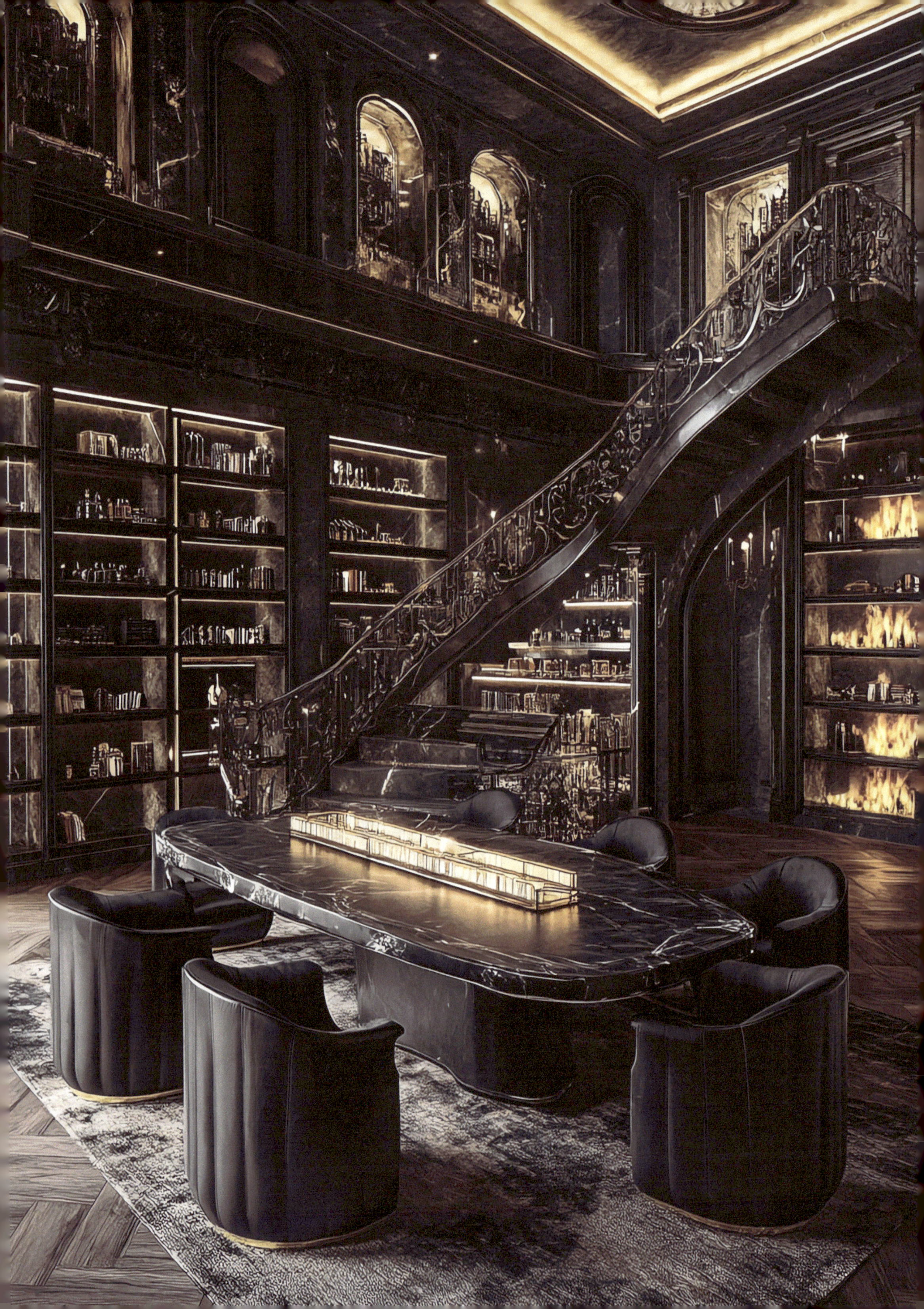

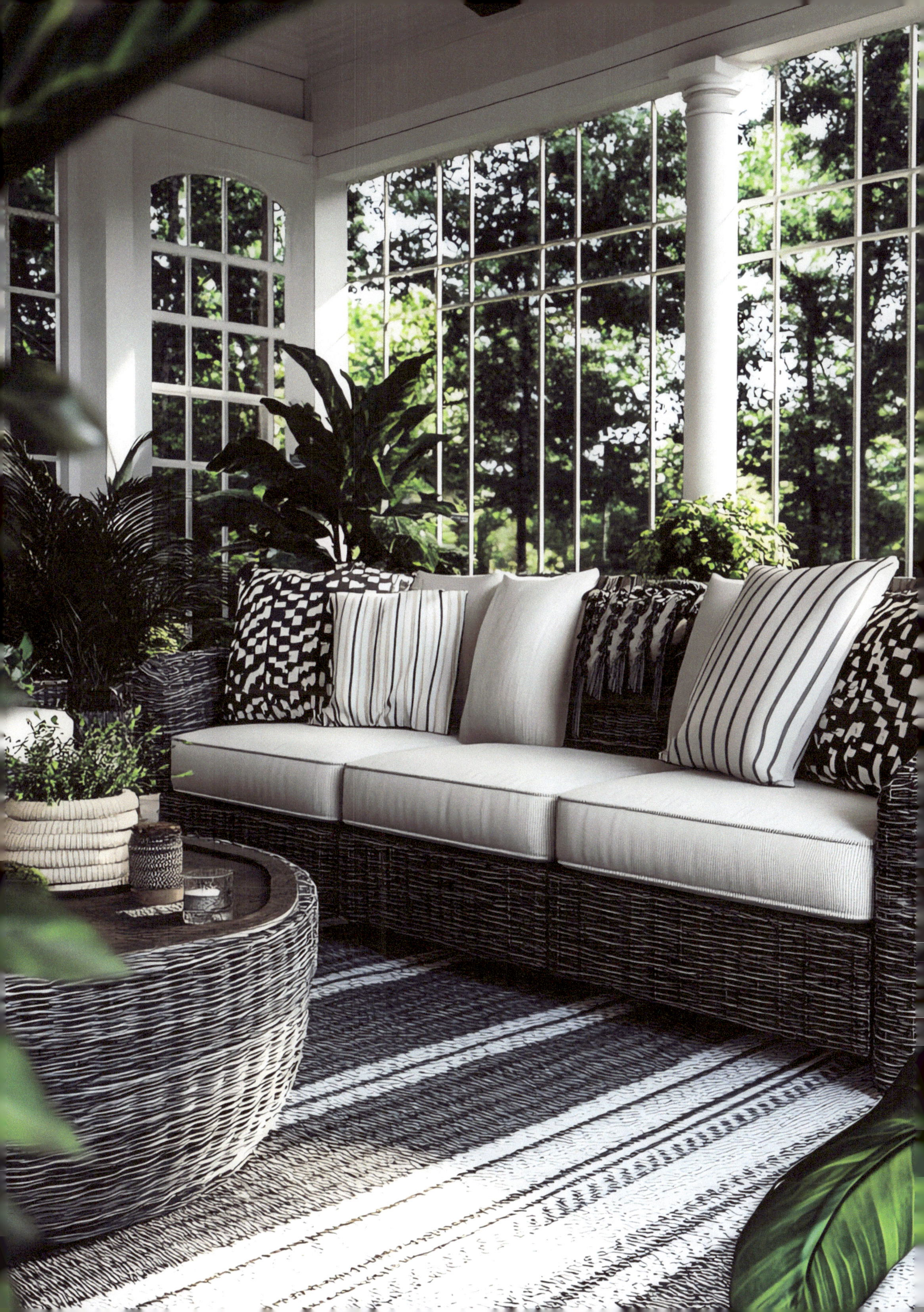

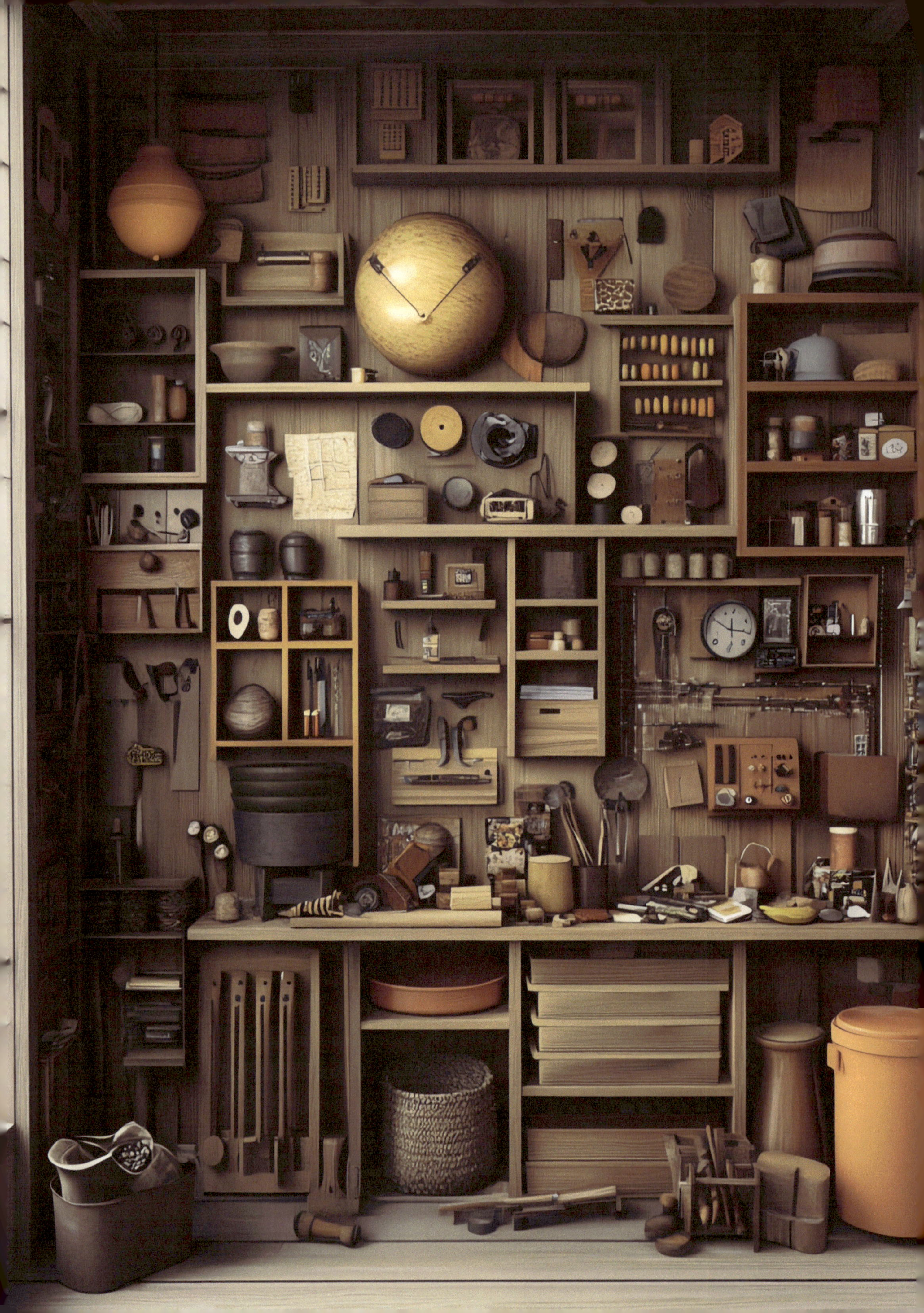